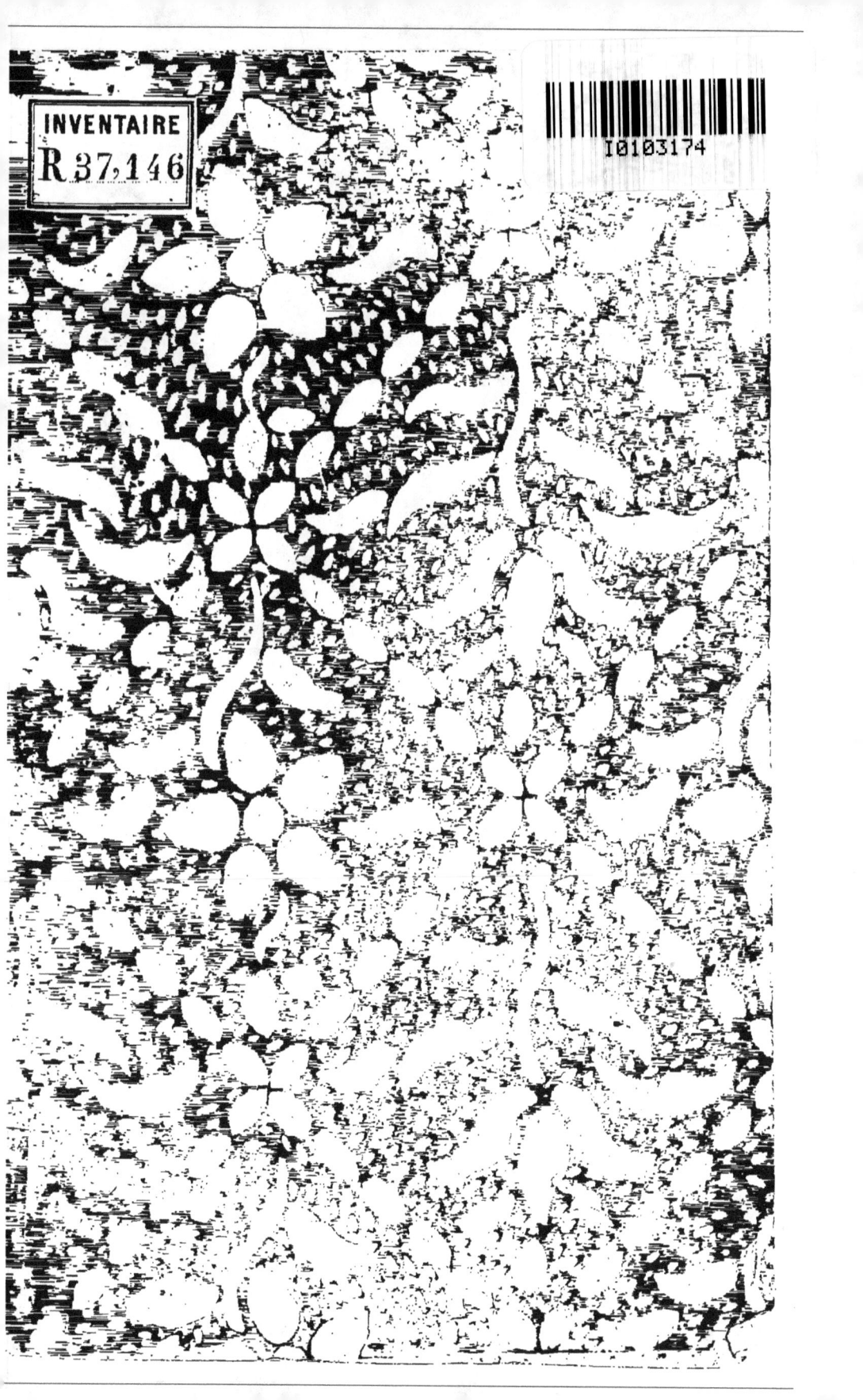

Par le P. Gerbil, d'après
Barbier.

DISCOURS

DE LA NATURE,
ET DES EFFETS

DU LUXE

PAR LE P. G. B.

A TURIN MDCCLXVIII.

Chez les FRERES REYCENDS Libraires au coin
de Ruë Neuve.

AVEC PERMISSION.

ciété. On n'annonce rien de neuf, ni de brillant, on ne veut tromper perſonne. Le Lecteur ne trouvera ici que ce qui a été dit & répété mille fois ; car la vérité eſt ancienne. Mais il eſt bon de la reproduire de tems à autre, quand ce ne ſeroit que pour ne pas abandonner à l'erreur l'avantage de la preſcription.

DISCOURS

DISCOURS

DE LA NATURE, ET DES EFFETS

DU LUXE.

SI une expérience de trois mille ans, si le consentement unanime des Sages de l'antiquité, doivent être de quelque poids pour établir une verité de morale, & de fait, la question du luxe est décidée. Point de Législateur, qui ne l'ait proscrit; point de Philosophe, qui n'en ait reconnu la dépravation; point d'Historien, qui n'en ait peint les funestes effets dans la chûte, & le renversement des Empires.

Ce n'est pas d'aujourd'hui que le luxe est né. Il faut être ignorant pour l'envisager sur le pied d'une nouvelle acquifition, fruit précieux de la culture, & du gout des derniers fiecles. Le Montagnard de M. Rouffeau, l'homme le plus opulent des environs en beurre, & en fromage, entendant parler des richeffes des Rois, demande fierement fi un Roi peut bien avoir cent vaches à la montagne. C'eft ainfi que les hommes ont coutume de concentrer leurs jugemens, & leurs idées dans le cercle étroit des tems, & des lieux, où ils vivent. Tel homme qui n'a pour tout luxe qu'un équipage lefte, & une table délicate, fe félicite de vivre dans un fiecle poli, & plaint les anciens d'avoir vecu comme des fauvages, fans connoitre les douceurs, & les agrémens de la vie. Tant il eft vrai que les Montagnards de M. Rouffeau font plus communs qu'on ne penfe.

C'eft à la Cour des Néron, des Domitien, des Commode, des Héliogabale, que le luxe parut autrefois dans tout fon éclat, & avec un appareil de grandeur, & de magnificence, qui nous étonne, & dont le plus grand luxe de nos jours n'eft qu'une foible miniature.

Sans doute que des-lors il y aura eu des esprits frivoles, qui se feront fait une mérite d'applaudir à ces excès de profusion, & de les vanter comme une suite de la félicité publique, & une nouvelle source de prospérité pour l'Etat. Que de richesses répandues dans le public, que de talens, & de bras employés! Quel encouragement pour l'industrie, & les arts! Que de ressources pour l'indigence, que d'agrémens pour les riches!

Mais Tite, & Trajan, mais Antonin le pieux, & Antonin le Philosophe, mais Julien même, le fameux Julien, l'idole des beaux esprits du siecle, ont envisagé le luxe sous un point de vue bien différent: ils étoient pourtant à portée de bien voir: uniquement occupés du foin de rendre les peuples heureux, & l'état florissant (on peut excepter Julien pour de bonnes raisons) ces hommes faits pour gouverner l'univers, ne songérent qu'à soulager les Provinces foulées par le luxe monstrueux des Regnes précédens, à ranimer les sentimens de l'honneur, & de la vertu,

A iij

à rendre à la patrie, & au nom Romain des citoyens transformés en Sybarites, à établir enfin & assurer l'abondance sur le retranchement d'un superflu, qui prend toujours sur le nécessaire.

Cependant par une étonnante contradiction le luxe trouve aujourd'hui des Apologistes parmi les plus grands admirateurs des Marc-Aurele, & des Julien. Si les ecrits du premier étoient autant lus, que son nom est respecté, ils serviroient de contrepoids à la séduction de ces nouveautés brillantes, qui ont tant d'empire sur les ames foibles ; & l'on s'accoutumeroit à penser que l'homme est fait pour gouter dans l'exercice de la vertu des plaisirs plus purs, & plus touchans, que ceux dont il se promet la jouissance dans le sein de la molleffe, & de la volupté. La Philosophie de Marc-Aurele tend uniquement a fortifier la raison contre l'empire des passions. On abuse aujourd'hui de la Philosophie pour justifier l'empire des passions sur la raison ; & on veut même interesser les gouvernemens à

protéger pour le bien public des abus,
qui tendent à diffoudre les plus fermes
liens de la fociété.

　　„ Le terme de luxe, dit M. Melon
„ Auteur de l'Effai politique fur le com-
„ merce, eft un vain nom qu'il faut
„ bannir de toutes les operations de
„ police, & de commerce, parcequ'il ne
„ porte que fur des idées vagues, con-
„ fufes, fauffes, dont l'abus peut arrê-
„ ter l'induftrie même dans fa fource ".

Un célébre Ecrivain moderne fans
ceffer de vanter le beau regne de Marc-
Aurele, & celui de Julien, ne laiffe
pas que de fe declarer contr'eux en faveur de M. Melon „ Qu'eft ce en ef-
„ fet que le luxe, dit-il, c'eft un mot
„ fans idée précife, à peu près com-
„ me nous difons les climats d'orient,
„ & d'occident: il n'y a en effet ni
„ orient, ni occident. Il en eft de mê-
„ me du luxe; il n'y en a point, ou
„ il eft par tout. Ce qui étoit luxe pour
„ nos Peres, dit l'Auteur de l'Effai po-
„ litique, eft à préfent commun: &
„ ce qui l'eft pour nous, ne le fera
„ pas pour nos neveux. Des bas de

„ foye étoient luxe du tems de Hen-
„ ri II.; & la fayance l'eſt autant
„ comparée à la terre commune, que
„ la porcelaine comparée à la fayan-
„ ce. C'eſt comme ſi l'on diſoit que
les termes d'*honneur* & de *diſtinction* ſont
des mots ſans idée préciſe, parceque
certains titres qui étoient très-honori-
fiques du tems de nos Peres, ont ceſ-
ſé de l'être en devenant trop comuns.

Eſſayons, s'il ſe peut, d'attacher une no-
tion préciſe à ce terme de *luxe*, par le moyen de la quelle on puiſſe reconnoître les
effets, qui doivent s'enſuivre ſoit par rapport aux mœurs, ſoit par rapport aux intérêts civils de la ſociété. C'eſt l'unique moyen de fixer l'état de la queſtion, & d'é-
carter ces difcuſſions vagues, & confuſes,
qu'on ſe reproche de part, & d'autre.

J'appelle luxe un excès de délicateſ-
ſe, & de ſomptuoſité ſoit dans les ai-
ſes & les commodités de la vie, ſoit
dans le train rélatif au rang que l'on
occupe dans la ſociété.

On dira d'abord que le mot d'*excès*
ne préſente par lui même qu'une idée
vague, & indeterminée, & qu'il fau-

droit avant tout établir un principe, ou une regle connue qui put fervir à déterminer ce qu'on doit juger exceffif en ce genre. Lock va nous fournir ce principe dans fon traité de l'éducation des enfans; *qu'une conftitution vigoureufe, & endurcie au travail, & à la peine, foit utile à une perfonne qui veut faire quelque figure dans ce monde, la chofe eft vifible, & n'a pas befoin de preuves.*

Voilà un principe vrai, clair, fondé en nature, qui fervira de mefure pour juger de ce qui eft convenable, ou exceffif dans la nourriture, dans l'habillement, & en général dans tout l'appareil des aifes, & des commodités de la vie. Sur ce principe on n'aura pas de peine à reconnoître un excès blâmable dans ces foins recherchés & dans ces rafinemens de délicateffe, qui affujettiffent l'homme à une infinité de befoins factices, & le mettent hors d'état de fupporter le train d'une vie active, & laborieufe, telle que l'exige fon bien propre, & celui de la fociété. Qu'un homme s'habitue à ne fe nourrir que de mets apprêtés par une main favante, exercée à dénaturer tout ce que la terre produit pour la fubfi-ftance du genre humain, qu'il ne puif-fe repofer que fur le duvet le plus fin, qu'il ait peine à fupporter le mouve-ment d'un caroffe à moins que des ref-forts artiftement diftribués ne lui en é-pargnent jufqu'aux chocs les moins ru-des.; n'eft-il pas évident qu'une telle délicateffe repugne à l'ufage, & à la deftination naturelle des facultés de l'homme, & qu'on doit par confequent la juger exceffive?

Il eft d'ailleurs dans les chofes mo-rales un milieu que le bon fens recon-noit, & faifit aifement quoique les Phi-lofophes ne puiffent fouvent le définir avec précifion. La maxime d'Horace: *eft modus in rebus*, frappe tous les ef-prits par fa clarté. A-t-on befoin d'un fophifte pour embrouiller ce qu'on ne peut méconnoître, quand on veut le reduire fincérement en pratique?

Le luxe eft auffi un excès de fom-ptuofité. Or il eft bien aifé de déter-miner en quoi confifte cet excès foit relativement à la différente condition des citoyens, soit relativement aux facultés de chaque Particulier.

Tous les peuples policés ont différens ordres de conditions plus ou moins relevés. On y distingue les Grands, la Noblesse, la Magistrature, & la robe, le Négotiant, l'Artisan, le cultivateur &c., chaque classe est distinguée, non seulement par le degré d'autorité, ou de considération, dont elle jouit, mais encore par une sorte d'appareil extérieur convenable au rang qu'elle tient dans la société. Cette distinction fondée sur un certain esprit d'ordre inséparable de l'humanité, & établie par un usage universel, subsiste malgré l'inégalité des richesses dans une même classe, & malgré l'égalité que le luxe tend à introduire entre les différentes conditions, pour confondre tous les rangs. Tous les jours on entend dire : voilà un Seigneur qui soutient bien son rang, un Magistrat qui vit avec dignité, un particulier, qui s'entretient décemment, un roturier qui tranche du gentilhomme, un traitant qui figure en Prince. Tant il est vrai, que la différence des rangs

n'eſt pas encore entierement méconnoiſ-
ſable.

On peut donc diſtinguer dans la ſomptuoſité du luxe un excès relatif à la
condition, & un excès relatif à la fortune de chaque particulier.

Toute ſomptuoſité par laquelle un
homme d'un rang inférieur affecte d'é-
galer le train convenable à un rang
ſupérieur, eſt une ſomptuoſité exceſſive
rélativement à la condition.

Toute ſomptuoſité par laquelle un
particulier tranche ſur le néceſſaire,
pour fournir à des depenſes ſuperflues,
eſt une ſomptuoſité exceſſive rélativement à la fortune de ce particulier.
Ce n'eſt point ici un cas imaginaire.
Il n'y a que trop de gens dans la ſociété, qui ne craignent pas de ſacrifier
le ſoin d'une famille à la paſſion du
faſte, & de l'oſtentation; qui laiſſent
leurs enfans ſans éducation, leurs terres
ſans culture, de pauvres ouvriers ſans
ſalaire, des citoyens indigens ſans aſſiſtance. C'eſt ainſi que bien des gens
ſe ruinent par des dépenſes folles, &
exceſſives, & contribuent par leur propre ruine à celle des autres.

L'excès qui conftitue le luxe eft donc reconnoiffable à des traits marqués, foit du côté de la délicateffe, foit du côté de la fomptuofité. Dans l'un & l'autre cas, cet excès eft determiné par une méfure fenfible, la nature, & la fortune (*a*).

(*a*) Ceux qui ont écrit qu'en détruifant le luxe il faudroit renvoyer les hommes dans les forêts, & les réduire au pain, & à l'eau, & aux fruits de la terre pour toute nourriture, ne connoiffent donc point de milieu entre le plus étroit néceffaire, & le luxe. Cette méprife eft-elle excufable? Les plus célébres Ecrivains de morale, & de politique fe font ouvertement déclarés contre le luxe; peut-on leur imputer avec la moindre couleur de vraifemblance, qu'en profcrivant le luxe ils aient eu deffein de ramener l'âge, où les hommes fe nourriffoient de glands? Rien de plus clair que la maniere, dont ils s'énoncent fur ce fujet: outre le néceffaire indifpenfable à la vie, ils reconnoiffent une autre forte de néceffaire relatif à l'Etat, & à la condition d'un chacun. L'ordre exige une diftinction de rangs dans toute Société policée. " Il faut faire différence, dit un „ Moralifte très-fevere, entre les perfonnes de gran-„ de qualité, & d'illuftre naiffance, & les artifans, „ ou les perfonnes médiocres, entre les nobles, & „ les roturiers; ce feroit un étrange defordre, s'il „ falloit que les pauvres fiffent auffi bonne chere, „ que les riches, & fuffent auffi magnifiquement „ couverts, que les Princes, & les Magiftrats. " *La pompe, & l'éclat*, dit Nicole, *qui accompagnent l'état des grands, les fait honorer, & parce qu'il eft bon qu'ils foient honorés, il eft jufte auffi que la grandeur foit jointe à quelque magnificence exterieure*; mais ils obfervent auffi que ce néceffaire à l'Etat doit être réglé par la prudence, qu'il a par conféquent

Sous le premier rapport on peut compter entre les effets du luxe le dépérissement de la santé, l'affoiblissement du courage, la corruption de l'esprit, & des mœurs. L'Histoire prouve que telles ont été les funestes suites de la mollesse dans tous les tems, & dans tous les lieux.

Elle énerve le corps. Il est constant que rien ne contribue tant à maintenir les forces & la santé qu'une nourriture simple & frugale, & que dans ce genre

des bornes, au delà desquelles il dégénere en superfluité. Tout ce qu'on donne à la bienseance de l'Etat peut, & doit s'allier avec l'esprit de frugalité, de modestie, & de simplicité, dont aucun état de la vie ne sauroit être dispensé; tout ce qui va au delà, tout ce qui ne respire que la vanité, l'orgueil, l'intempérance, la mollesse, la frivolité, la prodigalité devient vicieux, & c'est ce vice, que les Ecrivains de morale ont designé de tout tems par le mot de *Luxe.*

La vertu tient le milieu entre les extrêmes; la bienseance de l'Etat est placée entre la mesquinerie, & le luxe, comme la liberalité entre l'avarice, & la prodigalité. Ce seroit furieusement déplacer les termes, que de donner le nom de prodigalité à tout ce qui commence à s'éloigner de l'avarice: c'est tomber dans la même faute, que d'appeller du nom de luxe tout ce qui est au dessus du plus étroit necessaire: c'est supposer ou que les hommes n'excedent jamais dans les dépenses de faste, & de volupté, ou bien qu'on n'a pû designer cet excès par le mot de luxe.

les excès d'intempérance font souvent plus nuisibles par la qualité, que par la quantité des aliments. Le corps est une machine qui s'use par l'inaction, & se fortifie par l'exercice. L'habitude à supporter la faim, & la soif, le froid, & le chaud, le met en état d'essuyer les plus rudes fatigues, sans en ressentir la moindre incommodité. Le dépérissement des forces est une suite inévitable de la mollesse, & de l'abus des plaisirs. Un changement de nourriture, un vent froid, une course un peu rude, un mauvais lit, en un mot mille petits incidens très-communs dans la vie, suffisent pour déranger essentiellement une santé affoiblie, & usée par les délices. Rien de plus riant que le cortége qui précéde la volupté, rien de plus triste que celui qui la suit. Les graces, les jeux, les ris la dévancent, mais elle traine après elle la vieillesse prématurée, la douleur, la honte, & le repentir. Elle absorbe, pour ainsi dire, les années les plus florissantes de la jeunesse, & fait succeder la foiblesse, & l'ennui d'une pésante caducité à la vigueur, & aux agrémens du premier âge.

On m'accufera de confondre la délicateffe du luxe avec la molleffe, & la
volupté. Ce font des notions différentes, dira-t-on, & l'une n'eft pas l'autre.
J'en conviens, métaphyfiquement parlant, & j'avouerai même qu'il eft des
hommes d'une trempe d'ame affez vigoureufe pour favoir jouir de la délicateffe du luxe, fans reffentir les at-
reintes de la volupté. Mais je penfe
qu'on n'aura pas de peine à m'accorder
qu'une telle difpofition eft affez rare,
& l'expérience de tous les fiecles ne
laiffe aucun lieu de douter que par tout
où le luxe s'introduit, il ne traine après
lui la molleffe, & la volupté. On parle ici des effets généraux que le luxe
a coutume de produire fur les ames
vulgaires, qui font inconteftablement le
plus grand nombre.

La molleffe du luxe affoiblit le courage, avilit, & dégrade l'humanité. C'eft
ce qu'Homére le Peintre de la nature
a voulu repréfenter par les contagieux
effets du breuvage empoifonné de Circé.
Homére ne faifoit pas ces contes pour
amufer les enfans, mais pour inftruire
les

les peuples, les fages, & les Rois. La
hure du fanglier difére moins de la figure de l'homme, que le caractere d'efprit qui régne en certains ouvrages, di-
fere de celui qui fe montre dans les
œuvres d'Epictete, & de Marc-Aurele.
Les métamorphofes de l'efprit humain
font réelles, & plus variées que les fi-
ctions, par lefquelles les Poëtes ont pré-
tendu les repréfenter, & les rendre fenfibles.

Le courage, felon M. de Montefquieu, eft le fentiment que l'on a de fes
forces, peut-être la définition feroit plus
exacte, en difant qu'il eft le fentiment
que l'on a de la vigueur de fon ame.
Le Maréchal de Saxe à demi-mourant
fit paroître un courage héroïque à la
bataille de Fontenoi, & vraifemblable-
ment ce courage n'étoit pas le fentiment qu'il avoit de fes forces expiran-
tes. Mais de quelque maniere qu'on
veuille envifager le courage, il n'eft pas
moins évident qu'une exceffive délicateffe ne peut que l'affoiblir, foit en
énervant la force qui le foutient, foit
en amortiffant cette noble ardeur qui

B

s'allume par la réaction de l'ame fur les objets qui l'affectent avec force. Le courage eft un fentiment qui s'enflamme à la vüe des objets les plus terribles. Sa force augmente par la réfiftance des obftacles qu'il rencontre. La molleffe au contraire fuccombe fous les moindres efforts. Uliffe conferve fon fang froid dans l'antre du Cyclope ; la vüe d'un combat de gladiateurs donne la fiévre à un Sybarite.

Cette indolente langueur, fruit d'une exceffive délicateffe, fe montre jufques dans les innovations du langage, peinture fidelle des mœurs d'une nation. Quand la moindre fatigue vous excede, quand un objet qui n'eft que choquant, devient effroyable ; peut-on méconnoitre la fource d'une fi étonnante fenfibilité ?

Je ne dis pas qu'un tel homme amolli par les délices, ne puiffe montrer du cœur à l'occafion. Mais je dis qu'il ne faut pas trop compter fur la bravoure d'un peuple amolli par les délices.

Le luxe corrompt les mœurs. Qu'on ne s'effarouche point à ce mot de cor-

ruption. Ce n'eſt ni Bourdaloue , ni Maſ-
fillon que je prétens ici oppoſer aux a-
mateurs du luxe. On a dit une fois pour
toutes que ces illuſtres Ecrivains étoient
des declamateurs moraliſtes, qui n'en-
tendoient rien à la politique , & à la
legiſlation, & on a décidé là-deſſus que
les diſcours les plus concluans ne prou-
veroient rien dans leur bouche. D'ailleurs ceux qui ſavent eſtimer les Bourdaloue , & les Maffillon , n'ont pas beſoin d'être détrompés ſur l'article du luxe. Je ne citerai donc que des Ecrivains qui ne ſont ni Moraliſtes , ni Pré-
dicateurs.

L'Auteur du fameux livre de l'Eſprit
s'exprime en ces termes (diſc. II. ch. XV.)
*Le libertinage eſt trop généralement recon-
nu pour être une ſuite néceſſaire du luxe,
pour que je m'arrête à le prouver.* Il eſt
vrai qu'il ſoutient enſuite que ce libertinage qu'il déſigne par le nom de *corruption religieuſe,* n'eſt pas auſſi pernicieux que les moraliſtes , & les dévots
voudroient le faire croire. Mais quoiqu'
il en ſoit de cette prétention, du moins
il reconnoit que le libertinage , c'eſt à

dire la corruption, la licence, le débordement des mœurs, eſt une ſuite néceſſaire du luxe, & que la choſe eſt ſi évidente qu'elle n'a pas beſoin de preuves. Ainſi l'Auteur du livre de l'Eſprit s'accorde parfaitement ſur ce point avec les moraliſtes, & les dévots, & nous pouvons ainſi établir ſans contradiction cette maxime importante : *Le libertinage ou la corruption des mœurs eſt une ſuite néceſſaire du luxe.*

Conſultons maintenant l'Eſprit des Loix ſur les effets de cette corruption. L'Auteur célèbre de ce Livre nous en fera voir les ſuites funeſtes dans l'extinction de la vertu, & de tout amour de la Patrie. „ Sitôt, dit-„ il L. VII. Ch. 11, que les Romains „ furent corrompus, leurs déſirs de-„ vinrent immenſes. On en peut juger „ par le prix qu'ils mirent aux choſes. „ Une cruche de vin de Falerne ſe „ vendoit cent deniers romains ; un „ baril de chair ſalée du Pont en coû-„ toit quatre cent ; un bon Cuiſinier „ quatre talens ; les jeunes . . . . quand

„ par une impétuosité générale tout le
„ monde se portoit à la volupté, que
„ devenoit la vertu? „ La corruption
des mœurs, suite nécessaire du luxe,
fut donc l'écueil de la vertu des Romains.

L'amour de la Patrie, dit encore le
même Auteur L. V. Ch. 11, *conduit*
à la bonté des mœurs; & la bonté des
mœurs mene à l'amour de la Patrie. Si
ce principe est vrai, on ne doit pas
douter que la corruption des mœurs
ne conduise à l'extinction de l'amour
de la Patrie, & ne tende à priver la
société des secours & des ressources
inépuisables que cet amour vertueux
ne manque jamais de fournir dans les
dangers mêmes les plus pressans.

Nous avons vu que l'Auteur du
Livre de l'Esprit ne fait pas grand cas
de la corruption qu'il appelle religieuse, & que l'on désigne communement
par le nom de libertinage. Il n'en est
pas de même d'une autre espece de
corruption de mœurs, à laquelle il
donne le nom de *corruption politique*.
Celle-ci, dit-il Disc. 11. Ch. XIV.,

B iij

prépare la chute d'un Empire, & en an-
nonce la ruine. Un peuple en est infecté,
lorsque le plus grand nombre des parti-
culiers qui le composent détachent leurs
intérêts de l'intérêt public. Or, selon M.
de Montesquieu, Esp. des Loix, L.
VII. Ch. 11, l'effet propre du luxe,
est de *tourner les esprits vers l'intérêt*
particulier. A des gens, dit-il, *à qui*
il ne faut rien que le necessaire, il ne
reste à desirer que la gloire de la Patrie,
& la sienne propre: mais une ame cor-
rompue par le luxe a bien d'autres de-
sirs. Bientôt elle devient ennemie des Loix
qui la gênent. Le luxe que la garnison
de Rhege commença à connoître, fit
qu'elle en égorgea les habitans. Et Liv.
V. Ch. IV. il dit : *Ce ne seront point*
ceux qui sont corrompus par les delices,
qui aimeront la vie frugale. Ce ne seront
pas non plus ceux qui envient, ou qui
admirent le luxe des autres, qui aime-
ront la frugalité. Ainsi à entendre l'Auteur du Livre de l'Esprit, la corruption politique, qui consiste à détacher
l'intérêt particulier de l'intérêt public,
annonce, & prépare la ruine des Em-

pires. Et à entendre M. de Montefquieu, cette efpece de corruption eft
une fuite nécessaire du luxe, dont l'effet propre eft de détacher les efprits
de l'intérêt général pour les tourner
vers l'intérêt particulier, d'éteindre dans
les cœurs l'amour de la Patrie, & avec
l'amour de la Patrie le défir de la gloire, & l'amour de la vertu, & de la
frugalité.

M. de Mably dans fes Obfervations
fur l'Hiftoire de France, Tom. I. Ch.
2., foutient que le luxe, la pompe, la
prodigalité des Grands détruifent les
mœurs publiques, que ce font autant
de preuves certaines de la mifere des
peuples, & d'avant-coureurs de la décadence des Empires. Il ajoute que
fans les mœurs la liberté dégénere toujours en une licence dangereufe. Et
Ch. 4. il dit, que les bonnes mœurs
d'un peuple font fans doute la premiere
caufe de fa profpérité; mais que les
bonnes mœurs confiftent à eftimer la
juftice, la frugalité, le défintéreffe-
ment, le travail, & la gloire.

Or une ame corrompue par le luxe
B iv

aimera-t-elle la juſtice? Bien loin de-là, répond M. de Monteſquieu, *elle devient ennemie des Loix qui la génent* : eſtimera-t-elle la frugalité? Beaucoup moins, répond encore M. de Monteſquieu, *ce ne ſont point ceux qui ſont corrompus par les delices, qui aimeront la vie frugale. Ce ne ſont pas non plus ceux qui envient, ou qui admirent le luxe des autres, qui aimeront la frugalité.* Sera-t-elle touchée du déſir de ſa gloire, & de celle de la Patrie? *Ce ne ſont point là,* dit le même Ecrivain, *les déſirs d'une ame corrompue par le luxe.*

M. de Bielfeld dans ſes Inſtitutions politiques, Tom. 2. Ch. XV. §. 23., regarde le relâchement des mœurs comme une cauſe directe, & intrinſéque de la décadence d'un état. C'eſt le peuple, dit-il, qui fait l'état. Si ce peuple s'abandonne à toutes ſortes de vices, il ne faudra qu'une génération, ou deux pour l'énerver. C'eſt un fait fondé ſur l'expérience de tous les ſiecles. Dès que les mœurs ſe corrompirent dans les Monarchies des Aſſyriens, des Perfes, des Grecs, des Romains, & dans tous les Empires modernes, ces états périrent bientôt.

L'Article fuivant n'eſt pas moins remarquable.

„ Ceux, dit M. Bielfeld, qui ont „ foutenu que la Religion étoit inutile „ au gouvernement, & que les roues „ & les potences fuffifoient pour ef- „ frayer les malfaiteurs, & entretenir „ le bon ordre, ont dit une grande „ fottife. Toutes les fautes commifes „ contre les Loix font-elles donc de „ nature à mériter la mort, ou des „ châtimens corporels, ou des puni- „ tions qui aillent à la ruine d'un „ Citoyen? Préférera-t-on d'arriver par „ la violence, & par la cruauté à un „ but, auquel on peut venir par une „ voie auffi douce, auffi aimable que „ le Culte Divin? Un Légiſlateur fera- ,, t-il fâché d'avoir ce frein de plus „ pour tenir les hommes dans leur de- „ voir? Qu'on y prenne garde! Dès „ que la Religion pofitive s'éteint dans „ un pays pour faire place à la Reli- „ gion naturelle, ce pays marchera à ,, grands pas vers fa décadence. „

La néceffité d'une Religion pofitive pour la confervation des États, fournit ainfi une nouvelle preuve de la dépravation du luxe. L'expérience ne démontre que trop que la molleffe du luxe s'accommode peu des pratiques gênantes d'un Culte pofitif. On trouve qu'il eft plus commode de les méprifer, & on juftifie ce mépris par l'affectation d'une indifférence philofophique fur la Religion.

Tout ce que nous venons de dire de l'influence du luxe fur les mœurs, fe réduit à ces deux chefs. 1. Le libertinage des mœurs eft une fuite néceffaire du luxe. 2. Le relâchement des mœurs eft une caufe directe & intrinféque de la décadence des États. De ces deux propofitions, la premiere eft de l'Auteur du Livre de l'Efprit ; la feconde eft de M. de Bielfeld : ces deux Auteurs dans leurs écrits ne font ni dévots, ni moraliftes. C'eft au Lecteur à juger fi la conclufion eft favorable au luxe.

Non-feulement le luxe attaque les mœurs, il fait dégénerer l'efprit & la

faculté de penfer par le prix qu'il attache aux objets les plus frivoles, &
les moins dignes d'occuper un être pen-
fant. Eft-ce être homme que de fe faire
une occupation férieufe de çes détails
minutieux qu'exige l'ordonnance, &
la pompe du luxe ? Cet éblouiffement
que caufe l'appareil du luxe aux yeux
du vulgaire, ce faififfement de refpect
dont on fe laiffe pénétrer à la vue
d'un homme, qui n'a d'autre mérite
que le char qui le porte, & les che-
vaux qui le traînent, ne font que trop
capables de dénaturer les fentimens de
l'eftime, & de l'admiration, fentimens
précieux que la Nature a placé dans
l'ame, comme des refforts puiffans pour
l'élever à la vertu, & à la véritable
grandeur. Quel fpectacle fingulier que
celui d'un efprit qui s'admire dans la
pompe du luxe qui l'environne, qui
en tire une fi douce vanité, une com-
plaifance fi entiere, fi abfolue, qu'elle
ne lui laiffe aucun lieu d'envier la fa-
tisfaction que peut éprouver un grand
homme après avoir fauvé fa Patrie !
Pourroit-on croire que l'oifeau de Ju-

piter, fait pour planer dans les airs, pour fixer le Soleil, & élever jufqu'aux nues fon vol audacieux, pût fe complaire de fe voir métamorphofé en papillon aux aîles dorées? Le luxe opere tous les jours des métamorphofes plus étranges parmi les hommes. Oui, il y a moins de différence entre l'Aigle & le Papillon, qu'entre l'ame forte de Pierre le Grand, & les têtes frivoles qui s'occupent d'un rien qui les amufe.

Quand le petit efprit, dit fagement M. de Montefquieu dans fon Livre des Caufes de la grandeur & de la décadence des Romains, devient le caraĉtere dominant d'une nation, il n'y a plus de fageffe dans les entreprifes, & on voit des troubles fans caufes, & des révolutions fans motif. Cette petiteffe d'efprit eft une fuite néceffaire du luxe, qui nourrit & entretient les paffions les plus abjeĉtes, la vanité, l'amour du fafte, & des délices, la foif de l'or, l'oifiveté, & le foin empreffé des petites chofes, plus méprifable encore que l'oifiveté.

Tranfcrivons ici le dernier Chapitre

du XIII. Livre de l'Efprit des Loix :
„ Tout eft perdu lorfque les profef-
„ fions lucratives parviennent encore
„ par leurs richeffes à être des pro-
„ feffions honorées. . . . . Cela n'eft pas
„ bon dans la République , & une
„ chofe pareille détruifit la République
„ Romaine. Cela n'eft pas meilleur
„ dans la Monarchie ; rien n'eft plus
„ contraire à l'efprit de ce gouverne-
„ ment. Un dégoût faifit tous les au-
„ tres Etats ; l'honneur y perd toute
„ fa confidération, les moyens lents &
„ naturels de fe diftinguer ne touchent
„ plus, & le gouvernement eft frappé
„ dans fon principe. On vit bien dans
„ les tems paffés des fortunes fcanda-
„ leufes ; c'étoit une des calamités des
„ guerres de cinquante ans : mais pour
„ lors ces richeffes furent regardées
„ comme ridicules , & nous les admi-
„ rons. Il y a un lot pour chaque pro-
„ feffion. Le lot de ceux qui levent
„ les tributs eft les richeffes , & les
„ récompenfes de ces richeffes font les
„ richeffes mêmes. La gloire & l'hon-
„ neur font pour cette nobleffe , qui

„ ne connoît, qui ne voit, qui ne fent
„ de vrai bien que l'honneur & la
„ gloire. Le refpect & la confidération
„ font pour ces Magiftrats, qui ne
„ trouvant que le travail après le tra-
„ vail, veillent nuit & jour pour le
„ bonheur de l'Empire. „

Très-bien. Mais, ô fage Montefquieu,
laiffez que le luxe s'introduife dans un
Etat, & empêchez, fi vous le pouvez,
qu'on n'y encenfe la richeffe. Souffrez
que la richeffe s'attire la confidération,
& empêchez que les profeffions, qui
ne devroient être que lucratives, ne
deviennent honorables. Mais la chofe
n'eft pas poffible, jamais on n'élevera
de Temple au luxe, que la richeffe
n'en foit la premiere Idole; c'eft à elle
que s'adrefferont les vœux & les hom-
mages; c'eft elle que la foule refpe-
ctera, non cette nobleffe, qui n'a d'autre mérite que l'honneur & les fervices, non ces Magiftrats, qui veillent
jour & nuit pour le bonheur de l'Empire. Tout eft perdu, dites vous, foit
dans une République, foit dans une
Monarchie, lorfque la profeffion lucra-

tive des Traitans devient encore, par
ſes richeſſes, à être une profeſſion ho-
norée.

Concluons donc : Tout eſt perdu,
lorſque le luxe s'introduit ſoit dans une
République, ſoit dans une Monarchie,
puiſque l'effet naturel du luxe eſt de
rendre honorable ce qui ne devroit
être que lucratif. Il eſt vrai que M.
de Monteſquieu dit ailleurs : *Pour que
l'Etat Monarchique ſe ſoutienne, le luxe
doit aller en croiſſant du Laboureur à l'Ar-
tiſan, au Negotiant, aux Nobles, aux
Magiſtrats, aux Grands-Seigneurs, aux
Traitans principaux, aux Princes, ſans
quoi tout ſeroit perdu.* Je ſens que le
bon ſens ne ſuffit pas pour concilier
ces textes ; c'eſt un ſoin qui regarde
ceux qui ſe piquent d'eſprit.

Le luxe tend à détruire les liens de
cette union ſociale, qui fait un des
plus doux agrémens de la vie ; c'eſt
la nature même qui ſemble inviter une
troupe d'amis à ſe raſſembler aux jours
de fête pour célébrer par un répas
commun la mémoire de quelque évé-
nement heureux. La cordialité qui les

raſſemble n'exige point ces préparatifs qui deviennent ruineux par un excès de ſomptuoſité, elle ſe contente de l'abondance, & de la propreté, biens réels, par leſquels on ſatisfait aux beſoins de la nature, d'une manière convenable à l'humanité, & par leſquels on témoigne l'eſtime que l'on fait de ſes amis. Tout invite à la joie dans ces fêtes innocentes. Les cœurs s'ouvrent ſans contrainte aux ſentimens qu'inſpire une confiance réciproque. On parle, on écoute : tout ce qu'on dit, tout ce qu'on entend fait plaiſir, le diſcours s'anime, la gaieté ſe répand, & ſe réfléchit de proche en proche, on goûte, & on ſe communique le plaiſir de vivre enſemble, & ſi l'on ne ſe ſépare pas plus amis qu'on ne l'étoit auparavant, on emporte du moins la ſatisfaction d'avoir ſenti plus vivement la douceur de l'amitié.

Tels ne ſont point les feſtins où préſide le luxe. La vanité qui raſſemble les convives ne cherche pas des amis, elle veut des admirateurs. On n'invite pas pour donner à manger,
mais

mais pour étaler un fpectacle de magnificence & de goût. Si la tactique
du fervice manque en quelque chofe,
on ne fe confolera pas par la penfée
d'avoir été avec fes amis. On fait
qu'on n'a pas droit de compter fur
l'indulgence des conviés; il faut les
forcer d'applaudir, & c'eft tout le fruit
qu'on attend d'une profufion, quelque
fois auffi ruineufe qu'inconfidérée. Souvent la gêne & l'ennui fe mêlent à la
pompe de ces fêtes brillantes, & en
effacent les plaifir. La gaieté eft fur
les lévres; la trifteffe eft au fond du
cœur. On fe plaint des fatigues qu'il
faut effuyer pour fe divertir; ainfi le
luxe ne fatisfait la vanité qu'aux dé-
pens de cette douce aifance, qui eft
le fruit & l'aliment de l'amitié: Et qu'
eft-ce que la fociété fans le charme
de la cordialité?

C'eft une maxime bien peu digne
de la Philofophie que celle qu'on affecte de répandre aujourd'hui: qu'on
ne fauroit trop multiplier les arts du
plaifir. *La vie*, c'eft ainfi qu'un célebre Ecrivain repréfente cette nou-

C

velle façon de penfer, *eft fi malheu-reufe, & le plaifir fi rare! Pourquoi envier aux hommes deftinés prefque uni-quement par la nature à pleurer, & à mourir, quelques delaffemens paffagers, qui les aident à fupporter l'amertume, ou l'infipidité de leur exiftence. . . . . . . Nous avons trop befoin de plaifir pour nous rendre difficiles fur le nombre, ou fur le choix.* C'eft comme fi un Méde-cin prefcrivoit de diverfifier à l'infini les fauffes & les ragoûts les plus pi-quants, pour ranimer l'appetit engourdi d'un voluptueux, qui mollement cou-ché fur le duvet, pafferoit la journée à boire & à manger. Chaffez l'indolent Sybarite de deffus fon lit de rofes, mettez-lui un hoyau à la main, qu'il travaille, & qu'il fue, & il goûtera pour la premiere fois les plaifirs que la Nature attache à l'ufage des alimens. L'homme n'eft pas fait pour fonger uni-quement à s'amufer. La Nature l'a def-tiné à une vie laborieufe & appliquée. Les facultés de fon ame, la confor-mation de fes organes exigent des in-

tervalles de répos, & de délaſſement.
C'eſt au point où le beſoin amene ces
intervalles, que la Nature a placé le
vrai plaiſir de la récréation, plaiſir vif
& touchant, ménagé par la Nature,
pour faire joüir l'homme du renouvel-
lement de ſes forces, & lui inſpirer
une nouvelle ardeur pour le travail.
Mortel injuſte qui vous plaignez de
l'amertume, & de l'inſipidité de votre
exiſtence, rentrez en vous - mêmes,
vous reconnoîtrez que ce dégoût n'eſt
autre que la laſſitude même des paſſions exceſſives qui vous fatiguent. Sur-
tout n'accuſez pas la Nature, qui dans
l'alternative du travail & du répos vous
prépare la jouiſſance d'un plaiſir continuellement renaiſſant, dans le paſſage
du travail au délaſſement, du délaſſement à l'occupation.

C'eſt donc une grande erreur de
confondre l'affluence des plaiſirs avec
la félicité. Il n'y a point de luxe dans
les Villages, & on y eſt ſouvent plus
heureux que dans les Villes.

Lycurgue en banniſſant de Sparte,

l'avarice & la mifere ferma l'entrée
aux vices qui infectent le plus la fociété. Le Spartiate menoit une vie du-
re, & frugale; mais il étoit gai &
content. Interrogez ces heureux qui
femblent fe noyer dans les délices du
luxe; pourront-ils dire qu'ils font gais,
& contents? Un vrai Philofophe dira
toujours que c'eft moins par l'affluence,
que par le rétranchement des plaifirs
fuperflus, que l'on parvient au bonheur.

„ Sans doute (difent encore les mê-
„ mes Écrivains) tous nos divertiffemens
„ forcés, & factices, inventés, & mis
„ en ufage par l'oifiveté, font bien
„ au-deffous des plaifirs fi purs, & fi
„ fimples que devroient nous offrir les
„ devoirs de citoyen, d'ami, d'époux,
„ de fils, & de pere. Mais rendez-
„ nous donc, fi vous le pouvez, ces
„ devoirs moins pénibles, & moins
„ triftes : ou fouffrez qu'après les avoir
„ remplis de notre mieux, nous nous
„ confolions de notre mieux auffi des
„ chagrins qui les accompagnent. . . . .
„ Mais il y a long-tems que le fiécle

„ d'Aftrée n'exifte plus. . . . La Philo-
„ fophie doit nous prendre tels que_
„ nous fommes, pleins de paffions, &
„ de foiblefſes, mécontens de nous -
„ mêmes, & des autres, réuniſſant à
„ un penchant naturel pour l'oiſiveté,
„ l'inquiétude, & l'activité dans les
„ défirs. Que reſte-t-il à faire à la_
„ Philoſophie que de pallier à nos yeux
„ par les diſtractions qu'elle nous offre,
„ l'agitation qui nous tourmente, ou
„ la langueur qui nous conſume. „

Si la Philoſophie n'eſt bonne qu'à
nous offrir des diſtractions fur les maux
qui affligent l'humanité, il faut avouer
qu'elle n'eſt pas d'un grand fecours.
Manque-t-il de gens qui favent fe dif-
traire fans Philoſophie, & tout auſſi
bien que les Philoſophes? Le foulage-
ment que l'on tire de ces plaifirs forcés, peut fufpendre pour un moment
le fentiment douloureux qui afflige_
l'ame ; mais l'illuſion n'eſt pas longue,
il faut revenir à foi, malgré qu'on en
ait, & l'amertume qui fuccede à la_
diſtraction, tourmente d'autant plus que
le palliatif, qui fembloit avoir calmé

C iij

la douleur, n'a fait qu'aigrir la caufe du mal.

Les hommes, dites-vous, n'ont prefque plus que du dégoût pour les plaifirs purs & fimples que la Nature leur offre dans l'accompliffement de leurs devoirs. Donc il leur faut des plaifirs forcés, & factices pour les dédommager. Je penfe que Socrate & Marc-Aurele auroient tiré une conclufion toute contraire. Rien de plus capable, auroient-ils, dit, d'émouffer le goût des plaifirs fimples de la Nature que l'habitude des plaifirs forcés de l'art. Si dans le fracas de ces plaifirs bruyans que le luxe des grandes Villes raffemble de toute part, les devoirs de citoyen, d'époux, de pere, de fils, & d'ami, deviennent ennuyeux, & infipides, examinons fi ce n'eft point à ces raffinemens exceffifs qu'on doit rapporter l'extinction des plus doux fentimens de la Nature. Le goût ufé par l'abus des liqueurs fortes, ne trouve plus rien que d'infipide dans les boiffons les plus délicieufes. Parcourons ces heureufes contrées de la Suiffe, où

la frugalité régne avec l'abondance, &
d'où le luxe n'a point encore banni la
vertu de l'Hospitalité, nous y verrons
des peuples de citoyens, de peres, de
fils, d'époux, & d'amis occupés a
remplir avec autant de joie, que d'activité les devoirs consolans que ces
doux noms leur imposent. Ces hommes
laborieux ne savent ce que c'est que
l'insipidité de l'existence. Ce stupide
sentiment de létargie, fruit de l'affa-
dissement des facultés de l'ame, n'entre
point dans ces paisibles retraites du
travail, & de la frugalité. L'accom-
plissement de leurs devoirs leur fournit
une variété d'occupations, qui les dé-
lasse, & le plaisir de l'action les fait
jouir de celui de l'existence. Retran-
chez donc l'illusion des plaisirs forcés,
& factices, qui arrachent l'homme à
lui-même, par l'amorce trompeuse d'une
félicité qu'ils ne donnent jamais. L'ennui qui suivra cette salutaire privation
forcera peut-être bien des gens à re-
prendre le caractere de citoyens, d'a-
mis, de peres, de fils, & d'époux.
Les sentimens de la nature se reveille-
C iv

ront, & les tireront de ce trifte af-
foupiffement, qui leur rend la vie in-
fuportable dans le fein des délices.

Mais, dit-on, n'eft-ce pas au luxe que
l'on doit les progrès, & la perfection
des arts qui honorent l'humanité ?

Je fuis bien éloigné de le penfer.
La perfection des arts, & le luxe font
des chofes très-indépendantes l'une de
l'autre. Dans ce fiécle renommé, où
les arts, & les belles connoiffances
percerent la rouille épaiffe, qui cou-
vroit l'Europe depuis fi long-tems, les
peuples étoient peu amollis par les délices du luxe. La magnificence de Char-
le-Quint, de François I., de Henri
VIII., de Léon X. n'étoient, dit M. de
Voltaire (a), que pour les jours d'éclat
& de folennité. On ne connoiffoit point
encore cette magnificence générale, &
ces commodités d'ufage fi fupérieures
à la pompe d'un jour, & qui font
aujourd'hui fi communes. Ce n'eft donc
pas du fein du luxe que fe font élévés
ces prodiges de l'art, que les Michel-

(a) Effai fur l'Hift. Gen. Tom. 3. Ch. 100.

Ange, les Raphaël, les Correge, &
les Titien étalerent aux yeux de l'univers étonné. Le luxe n'inspira ni le
Taffe, ni l'Ariofte dans la production
de ces chants immortels, que rien n'a
encore égalés : il n'a point influé dans
les fublimes découvertes des Galilée &
des Malpighi, & dans ces derniers
tems même Corneille & la Fontaine,
Locke & Newton, Malebranche &
Boffuet ne doivent rien au luxe. Dans
tout le tems qui s'écoula depuis Solon
jufqu'à Periclés, les Grecs furpaffoient
autant les Perfes du côté des arts,
que les Perfes furpaffoient les Grecs
du côté du luxe; les Socrate, les
Platon, les Xenophon, juftes admirateurs des belles connoiffances, & témoins du luxe introduit par Periclés,
n'en augurerent rien de bon; & les fers
que la Gréce ne tarda pas à fe forger
par la dépravation qui fuivit le luxe,
juftifierent leurs allarmes & leur fage
prévoyance. Une nation peut-être fou-
verainement barbare, & fouveraine-
ment voluptueufe.... „ Il étoit peu de
„ nations, dit le Continuateur d'Echard

„ Tom. IX. p. 147., dans l'Univers
„ qui vécuſſent avec autant de ſenſua-
„ lité que les Vandales. Depuis qu'ils
„ avoient acquis de ſi grandes richeſ-
„ ſes, ils s'étoient accoûtumés au bain,
„ & à une table où l'on ſervoit tout
„ ce que la terre & la mer ont d'ex-
„ quis & de délicieux. L'or brilloit
„ ſur leurs vêtemens & ſur leurs lon-
„ gues robes de ſoie. Ils emploioient
„ la plus grande partie du tems au
„ théatre, au cirque, à la chaſſe, à
„ la danſe, à la muſique, & à d'autres
„ divertiſſemens. Ils avoient d'agréables
„ jardins, plantés de beaux arbres, &
„ arroſés de quantité de fontaines; ce
„ n'étoit parmi eux que feſtins, &
„ toutes ſortes de plaiſirs. „ Tels étoient
les Vandales, lorſqu'ils furent mis ſous
le joug par un Empereur plus Juriſ-
conſulte que Guerrier.

La perfection des arts éxige & ſuppoſe dans la diſpoſition des eſprits un
eſſor vers le grand & le ſublime. Or
quoi de plus oppoſé au grand que la
frivolité qui a coutume d'accompagner
le luxe?

Dans un tems de luxe, vous trou-
verez mille perfonnes enchantées à la
vue d'un bijou de mode, joliment fa-
çonné. Préfentez-leur une tête de la
main de Phidias, ou de Polyclete,
combien en trouverez-vous capables
d'en connoître le prix & la beauté?
Et l'on croira que des tems de luxe
font favorables à la perfection des
beaux arts?

Mais, ajoute-t-on, le luxe eft l'ame
du commerce, la fource de la richeffe,
& de la profpérité des Etats.

Confultons encore l'expérience & les
faits. Ouvrons les Annales de l'Univers,
fuivons les révolutions des plus grands
Empires, & des plus petits Etats, nous
les verrons s'élever à la grandeur par
la vertu, & s'y maintenir par la frugalité. Du fein de la grandeur, nous
verrons éclore les premiers germes du
luxe, qui d'abord femble donner à la
face d'un Empire un afpect plus riant;
mais qui bientôt en affoiblit les refforts.
Des bofquets délicieux, des parterres
émaillés de fleurs, des parcs immenfes
fuccédent à ces campagnes, qui fim-

plement couvertes d'abondantes moif-
fons, n'offroient aux yeux qu'une trop
ennuyante uniformité. Des fables de différentes couleurs, artiftement répandus
dans de vaftes plaines, fervent à ta-
pifler des terres brutes, qui n'avoient
d'autre mérite que la fertilité. Les campagnes fe déchargent peu à peu de ces
triftes habitans, qui condamnés à la
culture des terres, brûlés par l'ardeur
du Soleil, femblent avilir l'humanité
par la difformité de leurs traits, par
la noirceur de leurs vifages, par la ru-
deffe de leurs manieres, & la groffié-
reté de leurs habits. La Ville leur offre
un féjour plus gracieux, & des fonctions plus agréables. Ils y paroiffent
revêtus de brillantes couleurs, deftinés
à relever la décoration d'un pompeux
équipage par leur figure, & leur pa-
rure. Les arts du luxe, je ne dis pas
les Beaux-arts, cultivés avec foin, en-
fantent tous les jours de nouvelles commodités, & de nouveaux plaifirs. Ils
attirent de toutes parts une foule de
Sujets, les uns pour les cultiver, les
autres pour en jouir. Ainfi la Ville fe

peuple prodigieusement, l'argent circule, tout s'embellit, & paroît annoncer la prospérité. Cependant les richesses passent continuellement, & sans retour des Provinces à la Capitale. La misere éteint peu à peu l'industrie dans les campagnes, les fonds dépérissent, le pays se dépeuple, & l'état ne subsiste que par emprunt jusqu'à ce que la révolution des siécles amene l'instant, & le choc fatal, qui doit l'abattre, & le renverser.

S'il est des nations qui aient trouvé le secret d'assujettir toutes les autres à leurs modes, & à leurs caprices, il se peut faire qu'il leur soit avantageux de se prévaloir de cette pente générale, pour faire couler chez elles l'or & l'argent des autres pays : (si pourtant c'est un avantage aux yeux du Sage de devenir frivole pour se faire riche) mais pour les Etats, qui tirent du dehors les façons du luxe, en les échangeant au poids de l'or, quel avantage peuvent-ils trouver dans le luxe ? En lisant les rélations des Voyageurs, on ne manque pas de rire de la simplicité

des Sauvages, qui donnent de l'or, des
bœufs, des moutons, des esclaves pour
un peu de verroterie, & autres me-
nues quincailles que nous méprisons.
Mais vous Européens qui êtes si fins,
ne donnez-vous pas votre or & votre
argent pour des bréloques, des pom-
pons, & des colifichets de cent sortes
dont je ne sais pas les noms, & qui
certainement sont plus inutiles que les
petits meubles, dont les Sauvages cher-
chent à se pourvoir ? Si le commerce
est l'échange du superflu pour le nécessaire, ainsi que le définit M. Melon,
il faut avouer que le luxe dénature le
commerce, en le faisant devenir l'é-
change du nécessaire pour le superflu.
Aussi nous voyons que plusieurs Nations, qui se sont enrichies par le commerce, ont eu soin de proscrire chez
elles le luxe qu'elles portoient chez les
autres.

Pour mettre cette matiere dans un
plus grand jour, je crois ne pouvoir
mieux faire que de rapporter ici ce
que j'ai lu autrefois dans le fameux
Livre de l'*Esprit*. Plusieurs raisons me

déterminent à ce choix. 1. La matiere
y est bien traitée, & fuivant la Maxime de S. Augustin, il faut prendre le
vrai, par-tout où on le trouve. 2. La
plupart des gens du monde font per-
fuadés, qu'en fait de luxe, il n'y a
que deux partis ; que d'un côté les
Moines, les Théologiens, les Cafuistes,
& les Dévots, tous gens qui ne font
pas du bel-air, font les feuls, qui par
habitude, par jaloufie, ou par fanatif-
me, fe déclarent contre le luxe : qu'au
contraire les Politiques, les Philofophes, les beaux Efprits tiennent unanimement pour le luxe. 3. Parce que
bien des gens, qui s'imaginent avoir
lu le Livre de l'Efprit, & penfer d'a-
près ce Livre, ne foupçonnent peut-
être pas que l'Auteur y expofe avec
beaucoup de force les raifons, par lefquelles les plus fages Philofophes ont
toujours foûtenu que le luxe est pernicieux aux Etats.

1. Le luxe excessif suppofe une excessive inégalité de richesses entre les
Citoyens. Une partie de la nation
abonde en fuperfluités, l'autre manque
du nécessaire.

2. A mesure que les riches, profitant du dérangement de leurs voisins, réunissent à leur domaine tout ce qu'ils trouvent à leur bienséance, il est clair que le nombre des Propriétaires diminue, & que celui des Journaliers augmente.

3. Les Journaliers étant assez multipliés, pour qu'il y ait plus d'ouvriers que d'ouvrage, il en sera du Journalier comme de toute autre espece de marchandise, dont la valeur diminue, lorsqu'elle est commune. D'ailleurs l'homme riche, qui a toujours plus de luxe que de richesses, est intéressé à baisser le prix des journées.

4. Le besoin contraint le Journalier de se contenter d'une paye modique, qui lui suffit à peine, quand il est en santé. S'il lui survient quelque maladie, ou quelque augmentation de famille, alors faute d'une nourriture convenable il devient infirme, ou meurt, & laisse à l'Etat une famille de mendians.

5. L'Auteur observe que cette modicité du prix des journées est beaucoup plus onéreuse au Paysan que la Taille.

Taille. En plufieurs Provinces, dit-il, la journée eft à huit fols, déduction faite des jours de fête, & de maladie, elle fe réduit à fix fols, un jour portant l'autre. Ces fix fols qui peuvent fuffire abfolument à un garçon ne fuffifent pas à un homme marié. La remife de la Taille, c'eft-à-dire, de cinq ou fix francs par an, ne lui donneroit qu'un liard de plus par jour, qui ne changeroit rien à fa fituation.

6. Ainfi la mifere des payfans journaliers dépeuple infenfiblement les Provinces, foit en les empêchant de fe marier, foit en faifant courir une infinité de faineans à la Capitale.

7. Ici fe découvre l'illufion de ceux qui penfent que le luxe en retirant l'argent des coffres, où l'avarice pourroit l'entaffer pour le faire circuler, tend à remettre l'équilibre entre les fortunes des Citoyens. Le diffipateur qui fe ruine tranfporte fes richeffes entre les mains des artifans du luxe, & il n'en reflue que la moindre partie dans les campagnes. La raifon eft que les productions de la terre deftinées à l'ufage

D

commun, n'excédent jamais un certain prix ; au lieu que les productions du luxe n'aiant d'autre valeur que celle que leur donne la fantaisie, le prix en devient exceſſif. Ainſi les artiſans du luxe enrichis des dépouilles d'une infinité de diſſipateurs, deviennent riches à leur tour pour ſe ruiner de la même maniere. Le luxe doit donc toujours retenir l'argent entre les mains de ſes artiſans, le faire toujours circuler dans la même claſſe d'hommes (claſſe la plus inutile à l'Etat) & par ce moyen entretenir toujours l'inégalité des richeſſes entre les Citoyens.

8. C'eſt ainſi que les Pays vantés par leur luxe, & leur police ſont les Pays, où le plus grand nombre des hommes eſt réellement plus malheureux que ne le ſont les Nations ſauvages. L'état du ſauvage eſt certainement préférable à celui du payſan.

9. Sept ou huit millions d'hommes languiſſent dans la miſere, & cinq ou ſix mille vivent dans une opulence qui les rend odieux, ſans les rendre plus heureux. Eſt-ce-là ce qui s'appelle de bonheur d'une Nation ?

10. Cette opulence les rend odieux. Car les pauvres ne voient pas fans envie un fafte qui infulte à leur mifere.

11. Cette opulence ne les rend pas plus heureux : car le bonheur ne dépend pas de l'excellence de la table, non plus que de la magnificence des habits, ou des équipages.

12. Il eft donc certain, difent bien des Philofophes, que le luxe ne fait le bonheur de perfonne, & qu'en fuppofant une trop grande inégalité de richeffes, il fuppofe le malheur du plus grand nombre d'entr'eux.

13. Pour prévenir un pareil malheur, il faudroit, dit l'Auteur, avoir recours à un nouveau partage des terres, partage toujours injufte, & impraticable. Au défaut d'un tel partage réellement injufte, & impraticable, l'Auteur propofe des expédiens plus doux. Il faudroit, dit-il, que les Seigneurs vécuffent habituellement dans leurs terres, & qu'ils euffent foin de récompenfer les fervices de leurs domeftiques par le don de quelques arpens de terre. Le

D ij

nombre des propriétaires augmenteroit insensiblement, celui des journaliers diminueroit, & ces derniers devenus plus rares mettroient leur peine à plus haut prix.

14. Il est certain que dix mille arpens de terre possédés par une seule famille ne contribuent pas tant à la population, & à la force de l'Etat, que s'ils étoient partagés entre vingt ou trente familles. Voilà où gît le vrai secret de la population. Les anciens qui l'ont bien compris ont toujours tâché de prévenir la trop grande accumulation des Domaines.

15. Le luxe ne rend pas un Etat plus respectable au dehors. L'abondance d'argent que le luxe attire en impose d'abord à l'imagination. Cet Etat est pour quelques instans un Etat puissant. Mais cet avantage (supposé qu'il puisse exister quelque avantage indépendant du bonheur des Citoyens) n'est, comme le remarque M. Hume, qu'un avantage passager. Lorsque par la beauté de ses Manufactures une Nation a attiré chez elle l'argent des peuples voi-

fins, il eſt évident que le prix des denrées, & de la main-d'œuvre doit baiſ-
ſer chez ces peuples appauvris. Ces
peuples en enlevant quelques Manufac-
turiers à la Nation riche l'appauvriront
à ſon tour en l'apprivifionnant à meilleur marché. Or ſitôt que la difette
d'argent ſe fait ſentir dans un Etat ac-
coutumé au luxe, la nation tombe dans
le mépris.

16. Ce qu'on vient de dire du commerce des Marchandiſes de luxe, ne
doit pas s'appliquer au commerce des
Marchandiſes de premiere néceſſité. Ce
commerce ſuppoſe une excellente culture des terres, une ſubdiviſion de ces
mêmes terres en une infinité de petits
Domaines, & par conſéquent un partage bien moins inégal de richeſſes.

17. La réunion des richeſſes en un
petit nombre de mains, ſe fait alors
bien plus lentement, & parce que les
propriétaires ſont tout à la fois cultivateurs & négotiateurs, & parce que
le nombre des propriétaires étant plus
grand, & celui des journaliers plus
petit, ceux-ci ſont en état d'exiger

une paye suffisante pour subsister honnêtement eux & leurs familles.

18. C'est ainsi que chacun a part aux richesses, que procure aux Etats le commerce des denrées.

19. Ce commerce n'est pas sujet aux mêmes révolutions que le commerce des Manufactures de luxe. Celles-ci passent aisément d'un Pays dans un autre. Mais il y a une infinité d'obstacles à vaincre pour introduire la culture d'une nouvelle denrée. Le tems, le soin, la dépense qu'elle exige laissera toujours l'avantage du commerce au Pays, où cette denrée croît naturellement, & dans lequel elle est cultivée depuis long-tems.

20. La félicité & la puissance apparente que le luxe communique durant quelques instans aux Nations, est comparable à ces fiévres violentes qui prêtent dans le transport une force incroyable au malade, qu'elles dévorent, & qui semblent ne multiplier les forces d'un homme, que pour le priver au déclin de l'accès, & de ces mêmes forces, & de la vie.

21. Ce qui rend une Nation refpe-
ctable à fes voifins, c'eft fans contré-
dit le nombre, la vigueur de fes Citoyens, leur attachement pour la patrie, leur courage, & leur vertu.

22. Quant au nombre, outre ce
qu'on a dit des effets de la trop iné-
gale diftribution des richeffes, la con-
fommation d'hommes qu'occafionne le
commerce du luxe eft prodigieufe. L'humanité qui commande l'amour de tous
les hommes, veut que dans la traite
des Négres, on mette également au
rang des malheurs la perte des Européens, & celle de tant d'Africains,
qu'anime au combat l'efpoir de faire
des prifonniers pour les échanger contre des Marchandifes. Si l'on fuppute
le nombre d'hommes qui périt tant
par les guerres, que dans la traverfée,
qu'on y ajoute celui des Négres qui
deviennent la victime des caprices, &
de la cupidité de leurs Maîtres: qu'on
joigne à ce nombre celui des Citoyens
qui périffent par le feu, par les nau-
frages, ou le fcorbut; enfin celui des
Matelots qui meurent par une fuite de

D iv

l'intemperie particuliere de certains climats, ou d'un libertinage fi dangereux
en ces pays-là, on conviendra qu'il
n'arrive point de barrique de fucre en
Europe, qui ne foit teinte de fang humain.

23. Le commerce de luxe donne aux
Nations opulentes la facilité de contracter des dettes, dont elles ne peuvent enfuite s'acquitter fans furcharger
les peuples d'impôts onéreux. Autre
caufe de dépopulation.

24. Aufſi les pays de luxe ne font
pas les plus peuplés. La Suiffe dans la
même étendue de terrein compte plus
d'habitans que les pays les plus vantés
par le luxe (c).

25. Quant à la vigueur des habitans, le peuple adonné au luxe, dit
l'Auteur, n'eſt jamais un peuple robuſte. De fes Citoyens les uns font éner-
vés par la molleffe, les autres exté-

(c) Je ne prétens aucunement garantir les par-
ticularités de fait que l'Auteur rapporte au fujet
des différens pays, & qui fuppofent des connoiffances de détail que je n'ai pas. Je m'en tiens uni-
quement aux Maximes générales ; ce qui doit s'entendre de tous les autres endroits femblables.

nués par le befoin. Si les peuples pauvres, comme le remarque le Chevalier
Folard , ont à cet égard une grande
fupériorité fur les peuples livrés au
luxe, c'eft que le laboureur chez les
Nations pauvres eft fouvent plus riche
que chez les Nations opulentes. Un
payfan en Suiffe eft plus à fon aife qu'en
pays plus riche. Auffi c'eft chez les
Nations pauvres que fe forment ces
armées infatigables, qui changent le
deftin des Empires.

26. Quant au courage, il doit d'a-
bord perdre beaucoup de fon activité
par le défaut de vigueur, & il ne peut-
être d'ailleurs que foiblement foutenu
par l'amour de la Patrie, & le défir
de l'honneur.

27. Non par l'amour de la Patrie.
Qui produiroit dans ces pays., dit l'Auteur, cet amour vertueux? L'ordre des
payfans qui compofe à lui feul les deux
tiers de chaque Nation, y eft malheureux. Celui des artifans n'y poffede
rien. L'artifan familiarifé avec l'idée
de déplacement, ne peut contracter
d'attachement pour aucun lieu. Il fe

regarde non comme un Citoyen d'un Pays, mais comme un habitant du monde.

28. Non par le défir de l'honneur. Ce défir s'attiédit chez un peuple, lorfque l'amour des richeffes s'y allume.

Telles font les idées que j'ai cru devoir tirer du livre de l'Efprit. J'aurois pu dire à peu près les mêmes chofes, en citant des moraliftes; mais on auroit dit que c'étoient des déclamations.

Comment accorder avec des idées fi faines fur le luxe la préférence que l'Auteur donne enfuite aux femmes qu'on appelle galantes fur les femmes fages? Les femmes galantes, felon lui, quoique répréhenfibles à certains égards, font cependant plus utiles au public que les autres. Le défir de plaire qui les conduit chez le Rubanier, & chez le Marchand de modes, leur infpire les aftes de la charité la plus éclairée, en excitant l'induftrie des artifans du luxe. Les femmes fages moins bien confeillées par leurs Direfteurs, en fefant des largeſſes à des mendians nourriſſent des hommes inutiles, ou même ennemis de la Nation.

Les femmes ſages conſeillées par de ſages directeurs font des aumônes aux pauvres ; car les pauvres ſont hommes, & il faut qu'ils vivent, mais ce n'eſt pas aux mendians qu'elles bornent leurs pieuſes charités. Elles donnent aux Hôpitaux, ſoit à ceux où l'on ſoigne les malades, ſoit à ceux où l'on élève de jeunes orphélins dans la crainte de Dieu, & dans l'apprentiſſage de quelque métier, pour en faire des Citoyens vertueux, & utiles à l'État. Elles aſſiſtent de pauvres familles de cultivateurs, d'artiſans, de journaliers, prêtes à tomber dans la miſère par quelques diſgraces imprévues, & empêchent ainſi qu'il ne ſe forme de nouvelles familles de mendians. Elles donnent à des familles honnêtes, mais déchues les moyens d'élever des enfans, qui relèveront un jour l'éclat de leurs maiſons, & deviendront la gloire, & le ſoutien de leur Patrie. Une telle charité eſt-elle moins *éclairée* que celle de la fem-

me galante, qui par le défir de plaire
verſe, ſon argent entre les mains des
artiſans du luxe, claſſe, qui de l'aveu
de l'Auteur, eſt la moins utile à l'Etat?

M. de Bielfeld dans ſes Inſtitut. Polit.
Tom. I. Ch. 4. §. 20. dit : „ La ſé-
„ vérité de la morale Théologique peut
„ quelquefois ordonner , ou défendre
„ certaines choſes, où la ſaine politi-
„ que dit tout le contraire. L'Egliſe,
„ ajoute-t-il, nous recommande com-
„ me une premiere vertu la diſtribu-
„ tion de nos aumônes à toutes ſortes
„ de pauvres. La politique nous en-
„ ſeigne que le plus petit excès de
„ charité eſt nuiſible à l'Etat, vu que
„ rien n'eſt plus propre à encourager
„ la mendicité vagabonde, la fainéan-
„ tiſe, & à détruire l'induſtrie. Car
„ il n'y a proprement de pauvres dans
„ le monde, que les malades, les in-
„ firmes, & les eſtropiés, & l'Etat
„ pourvoit entiérement à l'entretien
„ de ceux-ci. „

J'ignore de quelle Egliſe M. de Bielfeld veut parler. Mais la véritable E-
gliſe de Jesus-Christ en recomman-

dant le précepte de l'aumône, n'enſeigne point qu'on doive la faire ſans choix & ſans diſtinction; l'ordre de la charité veut que nous aſſiſtions préférablement ceux qui nous appartiennent de plus près; ceux qui ont plus beſoin d'aſſiſtance ; ceux dont les mœurs ſont plus pures , & la vie plus exemplaire ; ceux dont la conſervation intéreſſe davantage le bien public. On ne doit pas fomenter par des aumônes indiſcrettes la fainéantiſe d'un homme , quand on ſait qu'il peut gagner ſa vie en travaillant , & qu'il ne mandie que par oiſiveté. Ces fainéans offenſent Dieu & la Société, ils raviſſent aux véritables pauvres le pain dont on les nourrit , & les Magiſtrats font très-bien d'empêcher ce déſordre. Voilà ce qu'enſeignent unaniment les Théologiens de l'Egliſe de J. C., l'équité voudroit qu'on les étudiât avant que de les condamner.

En ſecond lieu , ſur quel principe M. de Bielfeld peut-il avancer qu'il n'y a proprement des pauvres dans le monde , que les malades , les infirmes,

& les eftropiés? Combien de laboureurs, d'artifans, de journaliers, qui
par l'impoffibilité d'acquitter une dette,
par une grêle, par un incendie, par
la difette d'une année ftérile, par quelqu'un de ces accidens, ou revers de
fortune, fi communs dans la vie, fe
trouvent au point de fe voir réduits
eux & leurs familles à la mendicité?
Ces laboureurs, ces artifans, ces journaliers ne font-ils pas de vrais pauvres fans être ni malades, ni borgnes,
ni eftropiés? Combien d'honnêtes familles réduites à la plus trifte indigence fans autre reffource que la charité des Fidéles. Il eft incompréhenfi-
ble que M. de Bielfeld n'ait pas fait
attention à toutes ces différentes caufes de mifere, & de pauvreté. L'humanité fe récrie contre un tel oubli.

En troifieme lieu, M. de Bielfeld
fuppofant qu'il n'y a proprement des
pauvres que les malades, les infirmes,
& les eftropiés, avance que l'Etat
pourvoit entiérement à l'entretien de
ceux-ci. Mais quel eft l'Etat qui puiffe

fe charger de l'entretien de tous les
malades, de tous les infirmes, de tous
les eftropiés ? Il eft vrai qu'il n'y a
point d'Etat, où les aumônes journa-
liéres ne fuffent plus que fuffifantes
pour l'entretien de tous les pauvres,
fi elles étoient fagement diftribuées. Si
tous les Fidéles étoient folidement in-
ftruits des vrais principes, ils feroient
plus volontiers l'aumône aux maifons
de charité, deftinées à raffembler les
pauvres, qu'au premier mendiant qui
s'offre à eux. Premiérement, ils évite-
roient le rifque d'être trompés en nour-
riffant un fainéant au lieu d'un vrai
pauvre. Secondement, au mérite de
l'Œuvre de miféricorde corporelle, ils
joindroient celui de l'Œuvre de miféricorde fpirituelle, en coopérant à l'é-
ducation Chrêtienne que les pauvres
reçoivent dans ces pieufes retraites.
Troifiémement, ils accompliroient un
acte de cette juftice légale qui oblige
les Membres d'un Etat de contribuer
au bien public. Au lieu donc de blâmer la *Morale* Théologique & l'Egli-
fe, M. de Bielfeld auroit du confulter

les règles qu'elle donne fur l'ordre de la charité , & il auroit vu que l'excès de cette vertu n'eft pas ce qu'il y a de plus à craindre pour le bien public, & que les richeffes que la charité répand , contribueront toujours plus au bien de l'Etat que celles que le luxe prodigue pour fatisfaire la molleffe , le caprice , & la vanité.

M. de Bielfeld reconnoît que le dépériffement de la Religion pofitive , & la corruption des mœurs font des caufes de la décadence d'un Etat. Il ajoute que quand une nation néglige les Arts néceffaires pour fe livrer avec trop de paffion aux Arts libéraux , & à des objets frivoles , elle ne peut que devenir foible , & l'Etat languiffant. Or eft-il néceffaire de prouver que le dépériffement de la Religion pofitive , le relâchement des mœurs , la paffion des chofes frivoles , font les fuites inévitables d'un luxe exceffif? On peut écrire tant qu'on voudra fur la politique ; mais, maxime générale, un efprit inconféquent ne fera jamais un efprit politique.

II

Il dit Ch. du commerce qu'on n'a qu'à confulter l'ingénieux M. Melon pour fe convaincre combien font frivoles les déclamations qui ont été faites contre le luxe, il ne refte donc plus qu'à examiner les raifonnemens de M. Melon. Le Lecteur décidera.

EXAMEN

Des raifonnemens de l'Auteur de l'Effai politique fur le Commerce, en faveur du luxe.

M. MELON.

1. *Si les hommes étoient affez heureux pour fe conduire par la pureté des maximes de la Religion, ils n'auroient plus befoin de Loix; le devoir ferviroit de frein au crime, & de motif à la vertu; mais malheureufement ce font les paffions qui conduifent, & le Légiflateur ne doit chercher qu'à les mettre à profit pour la Société. Le Militaire n'eft valeureux que par ambi-*

REPONSE.

D'abord je remarquerai en paffant, que quand même tous les hommes feroient affez heureux, pour fe conduire par les maximes les plus pures de la Religion, il ne s'enfuivroit pas qu'ils n'euffent plus befoin de Loix. Les Loix ne font pas fai-

E

tion, & le Négotiant ne travaille que par cupidité; souvent l'un & l'autre pour se mettre en état de jouir voluptueusement de la vie; & le luxe leur devient un nouveau motif de travail.

tes seulement pour réprimer les crimes, mais aussi pour établir un ordre convenable dans la Société, & diriger au bien commun tous ceux qui la composent. Les hommes les plus vertueux, les mieux intentionnés ne font pas tous également éclairés : ils ont des vues, & des idées différentes, & peuvent, sans préjudice de la probité, n'être pas toujours d'accord, soit sur les intérêts publics de l'Etat, soit sur leurs propres intérêts particuliers, il faut donc une régle pour fixer les doutes, & les incertitudes, & faire concourir unanimement tous les membres de l'Etat au bien commun de la Société. Celui qui pense que des hommes vertueux rassemblés en Société, pourroient se passer de toute régle positive, ignore ce que c'est que l'Homme & la Société.

Mais revenant à notre sujet, M. Melon a raison de dire que malheureusement ce sont les passions qui con-

duifent la plus part des hommes. Il eft
vrai auffi que le Législateur ne pou-
vant anéantir les paffions, doit du moins
tirer le bien du mal, en prenant tous
les moyens légitimes pour les tourner,
& les faire concourir au profit de la
Société. Mais la conféquence que M.
Melon tire de-là, en faveur du luxe,
eft un peu trop précipitée. Ouvrons
les *Entretiens de Phocion*, & écoutons
M. de Mably. *Il refte une derniere ref-*
fource à la politique, c'eft de fe fervir
des paffions mêmes pour affoiblir peu à
peu, & ruiner leur Empire. Les paffions,
ajoute-t-il, *font quelquefois utiles, com-*
me ces poifons que la medecine convertit
quelquefois en remedes. Mais il y a une
diftinction à faire entre les paffions.
Eft-il poffible, dit l'Auteur, *qu'on con-*
noiffe affez peu les effets de la volupté,
qui amollit le cœur, & enerve l'efprit,
& les corps, pour vouloir en faire le
principe de la prudence, & de la magna-
nimité? . . . . . C'eft par les paffions qui
tiennent immédiatement à nos fens, que
nous fommes rabaiffés à la condition des
animaux ; elles ne peuvent donc jamais

E ij

être honorées par des êtres intelligens.....
Je n'ignore pas que l'espérance des volup-
tés a quelquefois produit de grandes chofes. Je fais que les Scythes conquirent
autrefois l'Affyrie pour avoir des Palais
fomptueux, des liqueurs délicieufes, des
femmes &c. Je ne fuis pas etonné que
ces paffions brutales aient donné à un
peuple encore fauvage de la valeur, &
de l'audace. Mais les mêmes efperances
auroient-elles donné les mêmes qualités
à un peuple dejà amolli par les plaifirs.
Remarquez d'ailleurs que dès le moment,
ou ces paffions commencerent à jouir du
prix de leur victoire, les Scythes coura-
geux devinrent auffi mols, auffi lâches,
que les Peuples qu'ils avoient vaincus,
& que ces paffions ne leur donnerent aucune des vertus qui font le Citoyen....
Le bien paffager que ces paffions peuvent
produire, eft trop douteux & trop court;
le mal qui les fuit eft trop certain &
trop durable, pour que la politique doive
jamais en faire ufage......Ce font les
paffions de l'ame dont la politique peut
fe fervir, parce qu'elles naiffent avec
nous, ne meurent qu'avec nous, ne fe

laſſent point , & qu'on peut en quelque
ſorte leur donner la teinture de i : vertu. . . .
Ces paſſions ſont hideuſes par leur nature ; elles preparent l'ame à être injuſte ,
& abandonnées à elles - mêmes , elles ſe
portent aux excès les plus odieux. Cependant elles deviennent quelquefois entre
les mains de la politique , emulation ,
amour de la gloire , prudence , fermeté ,
heroïſme ; mais pour voir operer cés mi-
racles, il faut que les Citoyens ne ſoient
pas entierement corrompus par l'avarice ,
la pareſſe , la volupté , & les autres vices , qui aviliſſent l'ame.

D'après ces principes, il ne faudroit pas tout-à-fait confondre, comme
fait M. Melon, la paſſion qui anime
un héros à prodiguer ſa vie dans les
combats, avec celle qui fait accumuler
richeſſes ſur richeſſes à un Négotiant,
en les réuniſſant l'un & l'autre dans
le déſir de paſſer voluptueuſement le
reſte de leurs jours. L'honneur, l'a-
mour de l'eſtime, des diſtinctions, de
la célébrité, l'eſpoir d'une gloire im-
mortelle ; voilà les motifs qui peuvent
animer des héros, qui ne ſeroient pas

affez fenfibles au généreux défir de devenir les foutiens de la Patrie, & de l'Etat. Ces motifs font entiérement indépendans des délices du luxe. L'amour de la gloire ne doit rien à l'amour de la volupté. Ce font des fentimens qui fe choquent plus qu'ils ne s'aident. Le premier eft un feu qui éleve l'ame, & la porte aux actions qui peuvent lui donner de la grandeur, & de l'éclat. Elle aime à fe contempler dans l'eftime des autres, comme en autant de miroirs, qui lui réfléchiffent fa propre image. Le fecond eft un poids qui la refferre, & la déprime en la collant, pour ainfi dire, aux objets qui flattent les fens.

Il y a dans la Nature humaine un fond de grandeur inépuifable, qui ne demande qu'à n'être pas étouffé pour produire les plus grandes chofes. Et quoi de plus capable de l'étouffer que la molleffe, & la frivolité du luxe. On a vu des héros, qui ont eu des foibleffes, mais ce ne font pas ces foibleffes qui ont été la caufe de leur héroïfme. Ce n'eft pas par l'attrait des

plaifirs que l'intrépide Charles XII. con-
duifoit à la victoire fes invincibles Sué-
dois : ce n'eft pas non plus par les ap-
pas de la volupté que Pierre-le-Grand
apprit aux Ruffes à vaincre, & forma
ces armées redoutables, dont la bravoure eft fi reconnue aujourd'hui.

Le courage eft une qualité que la
Nature a imprimée dans le cœur de
l'homme, conformément à fa deftination. Ecoutons là-deffus un célébre Philofophe de l'antiquité : l'union conju-
gale, dit-il, forme le premier lien de
la Société entre les hommes. Cette
Société éxige des foins pour la fubfi-
ftance, & l'éducation des enfans. L'homme ne peut vivre, comme les animaux,
des productions que la fimple Nature
offre à fes yeux fans culture, fans induftrie, & fans apprêt. Il faut pour
l'honnête entretien d'une famille fe procurer les moyens de fubfifter par le
labourage, par la chaffe, par des échan-
ges réciproques. Il faut amaffer différentes fortes de denrées, & de provi-
fions, & les tenir enfuite en referve
pour les ménager, & en ufer avec une

fage économie. La nature femble avoir
partagé ces différentes fonctions entre
l'homme, & la femme. C'eſt l'homme
qui doit fupporter les plus rudes travaux de la campagne, donner la chaſſe
aux bêtes féroces, courir les haſards
des longs voyages, exécuter les entre-
priſes, qui demandent de la force, &
de l'activité. Les foins paiſibles du mé-
nage font le lot de la femme. Auſſi
la nature a donné à l'homme un corps
robuſte, & l'a doué de courage, &
d'audace pour furmonter les obſtacles,
& les dangers auxquels fa condition
l'expoſoit. La femme plus foible a reçu
en partage la timidité, qui eſt l'éguil-
lon de la vigilance, & de l'attention
néceſſaire pour conferver. Concluons
donc que le courage eſt indépendant
des attraits de la volupté, que la Nature l'a mis dans le cœur de l'homme
qu'on l'y retrouvera toujours quand on
voudra, & que pour rendre une armée vaillante, il n'eſt point du tout
néceſſaire de lui préfenter en perſpe-
ctive la jouiſſance des plaiſirs du luxe
dans le fein de la molleſſe.

D'un autre côté n'eſt-ce pas faire tort à l'ordre entier des Négotians, que de les accuſer tous généralement de ne travailler que par cupidité? Faut-il douter qu'il n'y en ait qui exercent la profeſſion du négoce, dans la vue de vivre honnêtement eux, & leurs familles du fruit d'une induſtrie loua-ble, & utile au public? Quant à ceux que l'intérèt guide, il eſt aſſez inutile de vouloir leur inſpirer encore plus d'ardeur pour le gain. La cupidité ſeule ſuffit. Jamais le voluptueux ne trouvera dans les plaiſirs du luxe plus de ſatis-factions, que n'en goûte l'avare à voir groſſir tous les jours ſon tréſor. Eſt-il enfin de la ſaine politique de chercher tous les moyens d'allumer dans les hom-mes la plus ardente ſoif des richeſſes? Un déſir modéré du gain ne vaut-il pas mieux & pour les particuliers, & pour le public?

MELON.
II. Le luxe eſt une ſomptuoſité extraordi-naire, que donnent les richeſſes, & la ſécuri-té d'un gouvernement.

REPONSE.
Ce raiſonnement porteroit à croire que le luxe ne peut avoir

C'eſt une ſuite néceſſaire de toute Société bien policée.

lieu que dans des Sociétés bien policées ; mais la propoſition feroit-elle ſoutenable ? J'en appelle aux Perſes, & aux Vandales.

III. Lorſqu'un Etat a les hommes néceſſaires pour les terres, pour la guerre, & pour les manufactures, il eſt utile que le ſurplus s'emploie aux ouvrages du luxe, puiſqu'il ne reſte plus que cette occupation, ou l'oiſiveté.

Ne diroit-on pas que le luxe ne commence à s'introduire dans un Etat, que lorſqu'il regorge d'habitans, & qu'on eſt embaraſſé du ſurplus? Il s'en faut bien que dans tous les Etats où régne le luxe, on ait les hommes néceſſaires pour les terres ; & le luxe continue à en diminuer le nombre tous les jours. Quand il y auroit un ſurplus, cas qui n'eſt pas aiſé à prévoir, & qui n'a lieu qu'à la Chine, les travaux publics pourront toujours les exercer utilement.

IV. Dans quel ſens peut-on dire que le luxe amollit une Nation? Cela ne peut pas regarder le Militaire. Les Soldats & les Officiers ſubalternes en ſont bien

La magnificence du luxe n'eſt, ſans doute, que pour le petit nombre ; mais la molleſſe, & la frivolité

éloignés ; & ce n'eſt pas par la magnificence des Officiers généraux qu'une armée a été battus.

du luxe s'étend au loin, & gagne juſqu'aux petites gens. Un eſprit frivole n'approfondira jamais le métier. Des Officiers ſubalternes élévés trop mollement, feront braves devant l'ennemi, on n'en doute pas ; mais les fatigues de la guerre les épuiferont, & il en périra plus par la maladie que par le fer, & le feu. Ou trouve dans l'Hiſtoire des exemples de batailles perdues par la faute des Généraux, plus occupés de leur luxe que de leurs armées. M. Melon avoue lui - même que le luxe peut-être nuiſible à la guerre par la grande ſuite d'équipages, & de valets fatigans, & capables d'affamer l'armée. Et quand il ne le diroit pas, il n'y a qu'à conſulter l'Hiſtoire, pour s'en convaincre. Or ce qui eſt arrivé, c'eſt ce qui arrive ; & ce qui arrive, c'eſt ce qui arrivera.

V. Les troupes Eſpagnoles plus mal habillées, & plus frugales qu'aucune Loi ſomptuaire ne l'ait ja-

Je ne ſache aucun tems où les troupes Eſpagnoles n'aient pas été vaillantes. En pro-

mais ordonné, n'en é-toient pas plus vail-lantes Et lorsque dans les dernieres guerres nos armées ont été bat-tues, il y régnoit bien moins d'abondance que dans le tems brillant de nos victoires.

écrivant le luxe, il n'est pas dit qu'il fail-le laisser manquer le soldat du nécessaire. Entre le luxe, & la misere il y a un mi-lieu ; c'est l'aisance.

VI. Le luxe est en quelque sorte le destru-cteur de la paresse, & de l'oisiveté.

Le luxe n'inspire point l'amour du tra-vail à ceux qui en jouissent. Il fait travailler les artisans du luxe. Mais cette classe, ainsi que le dit l'Auteur de l'*Esprit*, est la moins utile à l'Etat.

L'homme somptueux verroit bientôt la fin de ses richesses, s'il ne travailloit pour les conserver, & en acqué-rir de nouvelles.

Il est rare aussi qu'une sage prévo-yance accompagne une excessive somp-tuosité. Le spectacle de tant de familles ruinées par le luxe, ne dément que trop la proposition de l'Auteur.

Et il est d'autant plus engagé à remplir les devoirs de la So-ciété, qu'il est exposé aux regards de l'envie.

Est-ce de bonne foi qu'on nous peint les amateurs du luxe, comme les Citoyens les plus vertueux, & les plus irrépréhensibles ?

VII. Le luxe d'une Nation est restreint à un millier d'hommes, relativement à vingt millions d'autres, non moins heureux qu'eux, lorsqu'une bonne police les fait jouir tranquillement du fruit de leur labeur.

L'extrême somptuosité du faste est restreint à un millier d'hommes ; mais l'émulation de ce faste en ruine des milliers d'autres, qui entraînent d'autres milliers dans leur ruine. L'Auteur fait ici vingt millions d'hommes heureux d'un coup de plume. Malheureusement ce n'est qu'un trait de plume.

VIII. C'est peut-être le luxe qui a banni des Villes & de l'armée l'ivrognerie autrefois si commune, & bien plus nuisible pour le corps & l'esprit.

L'ivrognerie étoit l'effet d'une brutalité de mœurs que la politesse de la Société a corrigée. Chez plusieurs Peuples cette politesse se trouve jointe au luxe. Mais il faut distinguer les effets de l'une & de l'autre. Les Spartiates & les anciens Romains ignoroient le luxe, & n'étoient point ivrognes. Les Perses étoient plongés dans le luxe, & ils étoient ivrognes. Aujourd'hui même on trouve des Nations sauvages qui détestent l'ivrognerie sans connoître le luxe.

IX. Lorsque dans les dernieres guerres les Armateurs des Villes maritimes revenoient chargés des dépouilles ennemies, étaler leur opulence par des profusions extraordinaires, c'étoit le lendemain à qui feroit de nouveaux armemens, dans l'espérance de gagner de quoi faire les mêmes dépenses. C'est à ce motif que nous devons les grands services qu'ils ont rendus à l'Etat, & les actions étonnantes des Flibustiers.

Le seul désir du gain suffit pour cela, sans y mêler le luxe. Mais en général il ne faut pas trop compter sur des services, qui n'ont que l'intérèt seul pour objet. On a beau dire, les hommes peuvent être conduits par des motifs plus nobles. C'est d'ailleurs une plaisante idée que de vouloir relever l'utilité du luxe par les avantures des Flibustiers.

X. L'austere Lacedémone n'a été ni plus conquérante, ni mieux gouvernée, ni n'a produit de plus grands hommes que la voluptueuse Athénes. Parmi les hommes illustres de Plutarque il y a quatre Lacedémoniens, & sept Athéniens, sans compter Socrate & Platon oubliés.

Athéne ne fut point voluptueuse dans le tems de ses plus brillantes victoires. Elle ne l'étoit pas lorsque ses Citoyens animés de l'amour de la Patrie, répousserent les innombrables armées de Darius & de Xercés ; elle l'étoit, lorsqu'elle suc-

comba fous Philippe, malgré l'accroif-
fement de fes richeffes, & de fa puif-
fance.

Solon fe propofa d'établir entre les
Citoyens d'Athénes cette égalité que
M. de Montefquieu regarde comme
l'ame d'un Etat Républicain, & qui
felon lui, ne fauroit fubfifter avec le
luxe. Cræfus mettant le bonheur dans
la richeffe, ordonna qu'on ouvrit fes
tréfors à Solon, & ne douta pas que
l'Athénien ne dût le regarder comme
le plus heureux des mortels. Solon fut
affez fimple pour ofer paroître peu tou-
ché de la fplendeur qui environnoit le
Monarque. Il parla de vertu, & il fe
rendit ridicule, il le méritoit. Faut-il
parler vertu dans une Cour voluptueufe.

Miltiade après la victoire de Mara-
thon n'eut d'autres récompenfes que
d'être repréfenté à la tête des troupes
dans le Tableau que les Athéniens fi-
rent peindre, pour conferver le fouvenir de cette mémorable journée. Il
étoit fi peu opulent qu'il mourut en
prifon, pour n'avoir pas de quoi payer
une amende. Ce Miltiade valoit bien
un Flibuftier.

Ariftide, furnommé le jufte, vécut toujours dans la pauvreté, & refufa conftamment les richeffes qu'on lui offroit. Le Thébain Epaminondas renouvella cet exemple dans un fiécle déjà corrompu.

Thémiftocle ne connut le luxe que dans fa retraite chez les Perfes, lorfqu'il ne fut plus Thémiftocle.

Cimon amaffa du bien, moins pour lui que pour fes Citoyens. Sa table, fes jardins étoient ouverts à tout le monde. Le luxe eft prodigue, mais c'eft toujours pour étaler, jamais pour donner.

Périclés, qui le premier introduifit le luxe à Athénes, vivoit en fon particulier avec une frugalité, dont fa femme, & fes enfans avoient bien de la peine à s'accommoder.

Alcibiade fe livra au luxe fans retenue, mais ce fut pour le malheur de fa Patrie, tout riche qu'il étoit, il avoit befoin de reffources extraordinaires, pour fournir à des dépenfes continuellement renaiffantes; & il engagea les Athéniens à entreprendre

fans

fans raifon la guerre de Syracufe. Le
fage Nicias en fut la victime, & non
la dupe. *Si quelqu'un de vos Generaux,*
c'eft ainfi qu'il parla aux Athéniens,
vous confeille cette entreprife par ambi-
tion ou par interét, pour faire parade de
fes magnifiques equipages, ou pour trou-
ver de quoi fournir à fes depenfes, ne
foyez pas affez imprudents pour facrifier
les interéts de la Republique aux fiens,
ou pour fouffrir qu'il la ruine, en fe rui-
nant lui-même. Les Athéniens n'écoute-
rent point un Sage qui parloit à la raifon, & ils fe laifferent entraîner par
le bouillant Alcibiade, qui fut remuer,
& flatter leurs paffions.

Socrate ne ceffa de condamner le
luxe par fa conduite, & par fes di-
fcours. Platon préfere Ariftide aux autres grands hommes, qui vécurent de
fon tems. Car, dit-il, Thémiftocle,
Cimon & Périclés ont rempli leur Ville
de fuperbes bâtiments, de portiques,
de ftatues, de richeffes, d'ornements,
& d'autres fuperfluités de ce genre.
Mais Ariftide a travaillé à la remplir
de vertu. Or pour procurer à une Ville

F

un véritable honneur, il faut la rendre vertueuſe, & non pas riche. Ainſi parloit un Philoſophe Payen. Combien de gens qui craindroient aujourd'hui de ſe rendre ridicules, s'ils oſoient tenir un pareil langage en face à des Chrétiens?

Il n'eſt pas étonnant qu'il n'y ait que quatre Lacédémoniens parmi les hommes illuſtres de Plutarque, contre ſept Athéniens. Athénes fournit une plus riche variété de caracteres : On remarque plus d'uniformité à Lacédémone. Les Spartiates formés par une même éducation, & animés d'un même eſprit, paroiſſent tous jettés au même moule, l'un reſſemble à l'autre. Athénes eut des Héros ; Sparte ſeule fut un peuple des Héros.

XI. Les Loix ſomptuaires de Lycurgue ne méritent pas plus d'attention que ſes autres Loix qui révoltent tant la pudeur Comment pourroit-il eſpérer que ſa Communauté, qui ne connoiſſoit point de récompenſe éternelle, conſerveroit l'eſprit

Il ne faut pas demander comment Lycurgue pouvoit eſpérer, mais comment il eſt parvenu à établir dans ſa République cet eſprit patriotique, qui s'y eſt con-

ambitieux d'acquérir à travers mille fatigues, & mille périls, sans espérance d'augmenter sa portion, ou de diminuer son travail? La gloire seule dénuée de ces avantages d'un bien être, qui en sont presque inséparables, n'est pas un assez puissant aiguillon pour la multitude.

servé pendant tant de siécles, & qui a toujours fait supporter avec joie aux Spartiates les plus rudes fatigues, & affronter les plus grands périls pour l'amour de la gloire, de la Patrie, & des Loix.

L'Auteur suppose que les Spartiates ne connoissoient point de récompense éternelle. Sans doute qu'ils n'étoient pas éclairés des lumieres de la vraie Religion. Mais les Payens mêmes ont eu quelque idée des peines & des récompenses d'une autre vie. Les trois cents Spartiates, qui se dévouerent aux Thermopyles, s'encourageoient les uns les autres par la pensée qu'ils souperoient chez Pluton. L'Auteur attribue aux Spartiates l'esprit ambitieux d'acquérir : il se trompe. Lycurgue se proposa la conservation, & non les conquêtes pour objet de son institution.

Enfin, il ne croit pas que la gloire séparée de l'intérêt, soit un aiguillon assez puissant pour la multitude, il a raifon s'il parle de la multitude fans éducation. Mais telle n'étoit point la multitude à Sparte. Tous les enfans y étoient indiftinctement affujettis aux Loix imprefcriptibles d'une commune éducation très-longue, très foignée, & parfaitement affortie au but de la législation.

XII. Il feroit plaifant d'imaginer un projet de faire vivre toute la France en commun. Ne l'attribueroit-on pas à un génie qui ne feroit jamais forti de fon village ?

Il eft bien probable que Lycurgue, qui n'étoit point un homme plaifant, n'ignoroit pas qu'il y a une différence à faire entre une grande Monarchie, & un petit Etat. La Communauté qu'il établit à Sparte y fubfifta pendant plufieurs fiécles dans toute la vigueur de fa premiere inftitution. Ce caractere d'immutabilité, autant qu'il peut avoir lieu dans les chofes humaines, que Lycurgue feul a fu imprimer à fa législation, ne paroit pas l'ouvrage d'un génie médiocre.

XIII. Caton le grand follicitateur des Loix fomptuaires chez les Romains, élévé dans

C'étoient donc *gens de village* ces Lycurgue, & ces Caton,

les villages, en avoit pris les mœurs, il nous est dépeint avare & intempérant, même usurier & ivrogne Le somptueux Luccullus encore plus grand Capitaine, & aussi juste que lui, fut toujours libéral, & bienfaisant.

si vantés dans l'antiquité. Il faut que les villages des anciens fussent un peu différents des nôtres. Si Caton eut les vices que l'Auteur lui attribue, il est difficile de concevoir comment il a pu s'attirer tant de respect, & de considération de la part de ses Citoyens. Quoiqu'il en soit, si la corruption des mœurs fut la principale cause de la décadence de Rome, ainsi que le reconnoit M. de Montesquieu, Caton rendit un service important a sa Patrie par les efforts qu'il fit pour soutenir la discipline, & les loix ; & on ne peut que blâmer Luculle d'avoir acceleré les progrés de cette pernicieuse dépravation par son luxe voluptueux. Luculle eut de grands talents pour la guerre, & pour le gouvernement, mais les qualités que l'on admire en lui, ne sauroient justifier ses défauts, ni transformer ses vices en vertus. La passion qu'il eut de s'enrichir dans la guerre contre Mitridate, & Tigrane,

fit tort à fa réputation, & indifpofa
contre lui les troupes, qui refuferent
opiniâtrement de le fuivre, lorfqu'il
étoit fur le point d'achever fa conquê-
te. Envain Luculle alla de tente en
tente pour fléchir les foldats. Ils lui
préfentoient leurs bourfes vuides, en
difant qu'il devoit lui feul faire la guerre, dont il favoit feul s'enrichir. Ils
ajoutoient qu'ils n'étoient pas faits pour
efcorter les chariots de Lucullus, chargés d'or, & de pierreries. A fon retour en Italie il ne fongea qu'à jouir
des immenfes richeffes qu'il avoit accumulées. Il fe refufa, malgré les in-
ftances du Sénat, aux befoins de fa
Patrie, à laquelle tout Citoyen vertueux doit facrifier fon répos, fes plaifirs, & fon reffentiment. Le feul ufage
louable qu'il fit de fes tréfors, fut d'af-
fembler une magnifique Bibliothéque,
qu'il ouvrit aux favants. L'effroyable
fomptuofité de fa table a imprimé une
tâche éternelle à fa mémoire. Cicéron
& Pompée curieux d'être témoins de
ce que la renommée en publioit, vou-
lurent un jour le furprendre à un foupé,

où il devoit être feul. La magnificence
de l'appareil les étonna : mais le mépris fut égal à la furprife. On fait que
fon Maître - d'hôtel s'étant un peu négligé un jour qu'on n'attendoit point
de convives, Luculle le reprit, en difant : Ne favois-tu pas que Luculle devoit fouper chez Luculle ? Il ne me paroit point d'entrevoir dans cette fa-
ftueufe réponfe cette modefte fimplici-
té, qui eft l'apanage de la véritable
grandeur. Ce double perfonnage de
Luculle, qui foupe chez Luculle, dé-
cele un homme qui fait des efforts
pour s'enfler, & paroître grand à fes
propres yeux.

XIV. Nos Loix
fomptuaires ont dimi-
nué à mefure que notre
police s'eft perfection-
née.

Les Loix fomptuai-
res ne font pas tou-
jours le moyen le plus
efficace pour arrêter
le débordement du luxe ; & elles doivent être faites avec beaucoup de fageffe & de jugement. Ces Loix font
fujettes à des variations. Telle marchandife, qui par fon prix exceffif eft
un objet de luxe pour un tems, peut
ceffer de l'être lorfqu'elle devient plus

commune. Enfin les inconveniens de quelques Loix fomptuaires ne prouvent pas l'utilité du luxe.

XV. Qu'importe à l'Etat qu'une fotte vanité ruine un particulier envieux de l'équipage de fon voifin? C'eft la punition qu'il mérite, & l'ouvrier plus eftimable que lui s'en nourrit. Ce que l'on dit d'un particulier, fe dira également d'une maifon, & même d'un Marchand affez imprudent pour faire un crédit également dangereux à l'un, & à l'autre.

Eft-ce-là le langage de l'humanité, & de la faine politique? Sous un bon gouvernement tout Citoyen eft cher à la Patrie, & à l'Etat. L'objet de la fociété civile n'eft autre que la confervation, la fureté, le bonheur des membres qui la compofent. Concevons deuxEtats: dans l'un cent familles s'enrichiffent par la ruine de cent autres familles; dans l'autre deux cents familles fubfiftent par cette fage diftribution de la maffe totale des richeffes, que le travail, & le befoin, la culture, & l'induftrie font paffer fucceffivement d'une main à l'autre, peut-on douter que la police du fecond Etat, ne foit préférable à celle du premier? En pouffant le raifonnement de l'Auteur, on viendroit à con-

clure que toutes les Loix faites en faveur des pupilles, & des mineurs font
inutiles. Qu'importe à l'Etat qu'un mi-
neur fe ruine par de folles dépenfes,
ou qu'il devienne la proie du premier
fourbe qui fait habilement profiter de
fa fottife, ou de fon inexpérience? Si
le pupille fe ruine, le fourbe s'enrichit,
& l'Etat n'y perd rien. Ce n'eft point
ainfi que raifonne un Souverain qui a
des entrailles de Pere ; tous fes Sujets
font fes enfans ; il s'intéreffe vivement
à leur bien être, & à leur profpérité.
Quand un Général d'armée auroit le
fecret de Cadmus, & qu'il pourroit tirer de la terre des hommes tous ar-
més en fémant des dents de dragon,
ce Général, s'il avoit de l'humanité
s'intérefferoit - il moins vivement à la
confervation de fes foldats, fous pré-
texte de la facilité qu'il auroit de les
remplacer. Ce n'eft que dans ce fiécle
qui fe pique de raifon, & de philofophie que l'on a commencé à eftimer
la valeur des hommes, comme celle
des troupeaux, par le profit qui en
revient à l'Etat. C'eft une idée bien

noire, que de regarder les hommes
fur le pied d'une marchandife. Ce n'eſt
point l'être abſtrait de l'Etat, que la
faine politique cherche à rendre heureux. Ce font les individus mêmes qui
le compofent. D'ailleurs n'eſt - ce pas
une perte pour la fociété que la ruine
de certaines maifons qui fe font illu-
ſtrées par les fervices rendus à la Patrie, dont le nom feul porte le bon
exemple ; & où les fentimens de l'honneur, & de la vertu, fe perpétuent
par une forte d'éducation de famille
de Pere en Fils ? Enfin fi le particulier
qui fe ruine eſt célibataire, il ne fonge
plus à fe marier ; s'il a des enfans, il
néglige leur éducation ; s'il a des fonds,
il les laiſſe dépérir. Ne font-ce pas là
autant de pertes pour l'Etat ?

XVI. L'exemple du luxe au plus haut point & même au ridicule, eſt dans la cherté ex-ceſſive de quelques den-rées frivoles que l'hom-me fompiueux étale a-vec profufion dans un répas, dont il veut fai-re confiſter le mérite dans la cherté. Pour-

Il y a mille exem-
ples d'un luxe non
moins ridicule, &
certainement plus fu-
neſte. On peut regar-
der comme autant de
gagné ce peu d'argent
que les débris du luxe

quoi se récrier sur cette folle dépense ? Cet argent gardé dans son coffre seroit mort pour la société. Le Jardinier le reçoit &c.... il ne serviroit aux mendians qu'à entretenir leur oisiveté, & leur sale débauche.

font refluer entre les mains du Cultivateur. Il n'en est pas de même de l'argent que le luxe fait circuler entre tous ces artisans de la frivolité qui dépeuplent les campagnes, & qui s'éfforcent de détruire par de vains raffinemens, ce que la terre ne produit qu'avec peine pour nourrir ses habitans. C'est un abus criant de consommer pour un répas voluptueux une masse de subsistances, qui pourroit servir à l'entretien d'une centaine d'honnêtes gens. On ne parle que de circulation d'argent, sans considérer que toute circulation n'est pas également bonne, il ne suffit pas qu'un Pays abonde d'eaux, il faut encore qu'elles soient sagement distribuées pour fertiliser la terre. Souvent par une pente vicieuse ces eaux ne se rassemblent que pour former des torrens impétueux qui portent le ravage, & la désolation tout le long de leur cours, & laissent le reste du Pays dans un état de séche-

reffe, & d'aridité. Si on a foin de
couper ces eaux par des canaux habilement ménagés, pour les partager avec
une jufte proportion, elles ne fe pré-
cipiteront plus avec ce fracas bruyant,
qui étonne, & qui ravage, mais prenant un cours paifible elles porteront
l'abondance & la fertilité dans les campagnes. Cette image peut s'appliquer à
la circulation de l'argent, en obfervant
que l'échange des denrées par le commerce intérieur, & que le prix de l'induftrie, & d'un travail utile, font les
canaux naturels, qui doivent le diriger,
& le fubdivifer jufques dans les villages, & les hameaux les plus reculés
pour y porter cette aifance qui recom-
penfe, & excite le travail. Quel profit revient-il à l'Etat, par exemple, de
la circulation que le jeu entretient?
L'argent paffe d'une bourfe à l'autre,
& roule toute une Ville, fans rien produire, non plus que fi on le faifoit circuler fur les toîts. A entendre certains
politiques purement fpéculatifs, on diroit que les richeffes accumulées par
le commerce, & l'induftrie, font ce

qui fait la plus grande force des Etats; mais un homme bien supérieur à tous égards, parlant, comme il lui convient, de ce qui fait la force des Etats, nous apprend dans un Eloge lu à une célebre Académie que les richesses accumulées par le commerce, & l'industrie ne sont utiles que par le bon emploi. La force des Etats, ajoute-t-il, consiste dans les grands hommes que la Nature y fait naître à propos. Or peut-on dire de bonne foi que le luxe ait jamais formé un grand homme; & M. Melon n'avoue-t-il pas lui-même que ce n'est pas dans les dépenses du luxe que consiste le meilleur emploi que l'on peut faire des richesses accumulées par le commerce & l'industrie. Il ne suffit donc pas à un politique de parler de circulation, il faut encore marquer, & déterminer quel doit être le cours de cette circulation, pour la rendre utile à la société, ce seroit, pour ainsi dire, l'hyrodynamique politique.

A Dieu ne plaise que nous voulions mettre en parallele un tel emploi de cette somme, Cette pensée est Chrétienne. Les secours que le luxe en-

avec les grands motifs de la charité, qui donne aux pauvres honteux & aux hôpitaux.

leve aux pauvres honteux, & aux hôpitaux devroient suffire pour le rendre odieux à tout Chrétien, & même à tout bon Citoyen.

M. MELON.

Il est encore des motifs moins élevés, dont le Legislateur pourroit se servir. Celui qui dépense à bâtir, a doter un superbe palais ne fait rien de contraire à l'état, ni à la morale. Mais il ne doit espérer aucune gloire de la part du Public, parcequ'il n'a travaillé qu'à son utilité particuliere. Celui qui travailleroit à réparer un grand chemin, à construire des fontaines mériteroit des marques glorieuses de sa bienfesance par des statues, ou par d'autres distinctions capables d'exciter une nouvelle émulation dans les Citoyens.

La premiere partie de la proposition de l'Auteur a besoin de correctif. Celui qui dépense à bâtir, ou à dorer un superbe palais, agit contre le bien public, & contre la morale, toutes les fois qu'excédant ce qui convient à la bienséance de son état, il prodigue en luxe ce qu'il est rigoureusement tenu d'employer pour le soulagement de ceux qui vivent dans l'indigence. Hommes mondains ne craignez pas que je vienne ici vous endormir, ou vous apprêter à rire par

la décifion d'un Cafuifte. Je vais vous citer un des plus célebres Ecrivains de nos jours dans fes Elemens de Philofophie (Dalembert Melanges &c. Tom. IV. p. 96.) „ Le luxe eft au nécef-
„ faire relatif, ce que celui-ci eft au
„ néceffaire abfolu : les Loix morales
„ fur le luxe doivent donc être en-
„ core plus rigoureufes que les Loix
„ fur le néceffaire relatif. On peut les
„ réduire à ce principe févere, mais vrai,
„ que le luxe eft un crime contre l'hu-
„ manité, toutes les fois qu'un feul
„ membre de la fociété fouffre, &
„ qu'on ne l'ignore pas. Qu'on juge
„ de-là combien peu il y a d'occa-
„ fions, & de gouvernemens où le
„ luxe foit permis, & qu'on tremble
„ de s'y laiffer entraîner, fi on a quel-
„ que refte d'humanité, & de juftice.
„ Nous ne parlons ici que des maux
„ civils du luxe, de ceux qu'il peut
„ produire dans la fociété ; que fera-
„ ce fi on y joint les maux purement
„ perfonnels, les vices qu'il produit,
„ ou qu'il nourrit dans ceux qui s'y
„ livrent, en énervant leur ame, leur
„ efprit, & leur corps " &c.

Aux raifons & à l'autorité de M. Dalembert joignons celles du céiébre Wolf
dans fes principes du Droit de la Nature & des Gens, abregés par l'illuftre
M. Formey Tom. 3. p. 216. ,, On ap-
,, pelle luxe toute dépenfe exceffive en
,, alimens, boiffons, vêtemens, meu-
,, bles, & autres chofes femblables. Le
,, luxe diffipe l'argent, & jette les Ci-
,, toyens dans la pauvreté; par con-
,, féquent il ne doit pas être toléré ,,
&c.

L'eftimable Auteur de l'ordre naturel
& effentiel des Sociétés politiques Tom.
3. pag. 476. repréfente le luxe comme
un cruel ennemi du genre humain, un
monftre, dont le venin eft fi fubtil & fi
actif, qu'on ne peut jetter les yeux fur
lui fans en reffentir les atteintes mortel-
les, un tyran perfide, qui fous le voile
trompeur de la profpérité publique, ca-
che les cadavres des malheureux qu'il im-
mole journellement.

Faut-il encore citer? L'Auteur de la
Théorie des Loix civiles ne déplore pas
avec moins de force toute la richeffe
de fon ftile pour peindre les ravages
                                        du

du luxe. ,,Les Chimistes, dit-il Tom.
,, 1. p. 216.,, pilent, broient les ma-
,, tiéres qu'ils font entrer dans leurs
,, alambics. Ils en concentrent les ef-
,, prits par la distillation, pour compo-
,, fer ces liqueurs voluptueufes qui flat-
,, tent le goût ou l'odorat. Le luxe en
,, agit de même avec les hommes . . .
,, C'est du plus pur de leur fang qu'il tire,
,, ou ces ornemens dont il fe pare avec
,, tant d'orgueil, ou ces rafinemens de
,, délicateffe qu'il goûte avec tant de
,, fenfualité. Ceux qui ne s'arrêtent qu'
,, au réfultat de fon opération, en ad-
,, mirent le fuccès, ils n'examinent pas
,, les préparatifs ruineux qui l'ont pre-
,, cedée. On fonge rarement ce qu'il
,, en coûte au genre humain, pour pro-
,, curer à un petit nombre de fes mem-
,, bres, ou des plaifirs que l'abondan-
,, ce leur rend infipides, ou des fuper-
,, fluités qui cefferoient de leur paroî-
,, tre précieufes, fi elles étoient com-
,, munes. On ne fe permet pas de
,, calculer combien le moins neceffaire
,, des agrémens que l'opulence exige,
,, fait perdre à l'Univers d'hommes, &

G

„ même de familles ". On peut voir
dans ces Auteurs les détails qui fervent
de preuver à leurs affertions.

On ne ceffe de répéter que le luxe
eft une reffource affurée contre l'indigence & l'oifiveté ; qu'en faifant dé-
penfer les riches, il affure aux pauvres un moyen affuré de fe procurer
leur fubfiftance par leur travail, que
les charités confeillées par les moraliftes ne fervent qu'à nourrir la fainéan-
tife des mendians, fans tarir la fource
de leur mifere ; qu'au contraire les befoins du luxe multipliant à l'infini les
branches de l'induftrie & du travail,
fourniffent à tout le monde de quoi
vivre en s'occupant, & répandent ainfi
l'aifance dans tout un peuple. Voilà
ce qu'on fuppofe, & ce qui n'eft pas ;
ce font pourtant ces raifonnemens fpé-
cieux qui éblouiffent les efprits fuper-
ficiels, & qui leur font regarder comme des atrabilaires, ou comme des
ennemis du bien public ceux qui ofent
déclamer contre une pratique fi douce,
& en même-tems fi avantageufe à la
fociété.

Il ne faut cependant qu'un peu de réflexion pour diffiper ce preftige. 1. Il n'eft pas vrai que le luxe foit un moyen auffi propre qu'on le fuppofe, à bannir l'indigence, & l'oifiveté du corps de la fociété. 2. Il eft vrai qu'il y a d'autres moyens plus propres à répandre l'aifance dans le corps de la fociété.

Il eft aifé de prouver le premier article par le raifonnement, & par l'expérience. On ne difconvient pas que le luxe n'opere une forte de circulation; mais comme l'a très-bien remarqué l'Auteur du livre de l'Efprit, cette circulation ne s'étend guere au-delà de la claffe des artifans du luxe, qui eft la claffe la moins utile à l'Etat. De tout l'or, & de tout l'argent que le luxe met en mouvement il n'en reflue prefque rien fur le cultivateur, & en général fur les claffes qui travaillent à augmenter la maffe des productions. Combien de fois les Apologiftes du luxe n'ont-ils pas eux-mêmes fourni la preuve de cette vérité, en repréfen-

tant les grandes Villes comme des Gouf-
fres, qui attirent par leur luxe, &
engloutiffent l'or & l'argent qui devroit
refluer dans les campagnes au profit
de l'agriculture, & de la population?
Un changement de mode fuffit pour
mettre fur le pavé une infinité d'artifans du luxe, accoutumés à un travail
qui ne leur donne plus de quoi vivre,
& hors d'état de faire l'apprentiffage
d'un nouveau métier. Combien d'autres, qui ne fervant que pour la décoration du luxe, fe trouvent réduits
eux, & leurs enfans à la mendicité,
dès que l'âge ou les infirmités ne leur
permettent plus de paroître à la fuite
d'un cortege, ou l'on ne doit rien
voir que de lefte & de brillant. Ainfi
à confidérer un Etat dans la totalité,
il paroît que la circulation du luxe
très-active, mais très-bornée, eft plus
propre à concentrer les richeffes, ou
à les faire tourbilloner dans une petite
portion de fphere, qu'à les répandre,
& à les fubdivifer avec une jufte proportion dans les claffes les plus récu-

lées de la fociété. Cette même vérité
fe démontre encore par l'expérience ;
plus le luxe s'accrût chez les Romains
dans le petit nombre, plus on vit la
mifere augmenter à proportion dans le
plus grand nombre. Je ne poufle pas
plus loin l'expérience.

Quand au fecond article, je dis que
l'amour de l'humanité eft un moyen
de dépenfe, plus propre, & plus efficace que le luxe pour bannir l'indigence & l'oifiveté, & répandre l'argent au profit de la fociété. Je vais
d'abord m'expliquer par un exemple :
Un homme riche tire à grand frais de
l'Etranger un équipage fomptueux, qui
ne doit fervir que pour des occafions
d'éclat. Je ne dis pas que cela ne foit
à fa place, rélativement à certaines
perfonnes, & en certains cas ; car il
ne faut rien outrer. Mais on ne niera
pas que cela ne puifle auffi arriver
par un abus de la richeffe, fans aucune raifon de convenance, ou de
néceffité ; d'un autre côté je fuppofe
un homme, qui fans fe foucier d'un

G iij

vernis étranger, fait faire dans le pays trois ou quatre équipages d'un usage continuel pour lui, & pour ses amis. Je suppose encore la dépense é-gale de part & d'autre, & laissant à part la disproportion de grandeur qu'il y a entre servir ses amis, ou servir sa vanité, je demande laquelle de ces deux dépenses est plus profitable à la société. On ne dira pas que l'argent que l'un verse chez l'Étranger contribue à enri-chir ses Concitoyens. L'autre au con-traire fait travailler un très-grand nom-bre d'artisans nécessaires à la société, des Charrons, des Menuisiers, Ser-ruriers, Tanneurs, Corroyeurs &c., & ces artisans fournissent à leur tour la subsistance à ceux qui s'occupent de la réproduction des matieres premie-res, qu'ils consomment, ou qu'ils em-ployent.

Le luxe vous fait une Loi de vous procurer, à quelque prix que ce soit, un meuble de mode, qui n'aura d'au-tre mérite que de satisfaire pour un in-stant une vaine curiosité. L'amour de l'humanité ; vous dicte de fournir à une famille indigente, je ne dis pas de quoi vivre sans travailler, si elle est en état de le faire, mais de quoi faire les avances nécessaires pour se mettre à même de gagner sa subsistance par son travail. Vous voyez des gens transis de froid, faute d'un habit suffisant pour s'en garantir, achetez des étoffes communes, habillez - les ; outre la charité, qui vous en fait un devoir précis en tant d'occasions, vous donnerez du débit, & de l'encouragement aux Manufactures de votre Pays, & votre argent circulera utilement.

L'Auteur de l'Essai politique paroit convenir dans les derniers traits que nous avons cités de son ouvrage, que l'emploi de l'argent dicté par la bienfaisance, est préférable à tous égards aux dépenses causées par le luxe. Pourquoi donc en a-t-il entrepris l'apologie ? Les ames vulgaires, qui font incontestablement le plus grand nombre, ne font-elles déjà pas assez portées d'elles-mêmes à la mollesse & à la frivolité ?

Faut-il les y exciter encore davantage par les couleurs avantageuses, sous lesquelles on leur présente l'objet de leur passion ? Faut-il donner lieu de croire à des hommes frivoles, souvent durs & insensibles, qu'ils travaillent plus utilement pour le bien public, en ne songeant qu'à satisfaire leurs caprices, & leurs goûts, qu'un Pere de famille vivant frugalement, uniquement occupé de l'éducation de ses enfans, & dépensant en bonnes œuvres ce qui lui reste de superflu ? Mais, replique-t-on, le cœur des riches n'est que très-peu accessible aux sentimens de la bienfaisance. La pitié, la commisération n'auroit que peu de forces pour ouvrir des coffres, qui engloutiroient toutes les richesses d'un Pays, si les besoins du luxe ne venoient les en retirer pour les répandre dans la société.

Si c'est là votre pensée, pourquoi ne pas dire tout simplement que vous regardez le luxe comme un moindre mal, qu'on est obligé de tolérer pour prévenir un plus grand mal ? Au lieu

de transformer ce moindre mal en un
bien pofitif par les éloges que vous
prodiguez au luxe, ne devriez-vous
pas au contraire vous attacher à re-
veiller dans tous les hommes des fentimens dignes d'un cœur humain?

Les hommes d'aujourd'hui, repliquez-
vous encore, feroient peu difpofés à
écouter vos leçons, & à en profiter.
Eft-ce une raifon pour leur taire la
vérité? Dites toujours aux hommes ce
qu'ils doivent être; tant pis pour eux
s'ils ne le font pas. Ce qui eft honnête, ce qui eft jufte eft toujours le
même; ce n'eft pas à la régle à fe
plier aux caprices de la multitude,
c'eft aux hommes à fe reformer fur la
régle. Imitez l'exemple de Socrate,
qui ne ceffa de prêcher la vertu, malgré les railleries, les contradictions,
les perfécutions de fes contemporains.
Quand vous ne perfuaderiez qu'un feul
homme entre dix mille, eft-ce peu de
chofe d'avoir éclairé un homme, & de
l'avoir rendu meilleur qu'il n'étoit?

Mais ne défefpérons pas de la na-

ture humaine, ſi l'on compte peu de
cœurs ſenſibles, & vraiment généreux;
s'il eſt peu de gens qui ſentent combien il eſt doux, combien il eſt grand
de faire un heureux, nous pouvons en
accuſer en grande partie ce luxe ef-
fréné, dont l'un des plus pernicieux
effets eſt de faire qu'on ne s'aime
qu'en ſoi-même, dans l'appareil, &
dans la jouiſſance du faſte, & de la
volupté. Malheureuſe diſpoſition, qui
abâtardit l'homme, & le rend inſenſi-
ble à tout ce qui n'eſt pas lui. C'eſt
dans un feſtin de luxe, au milieu de
l'ivreſſe des plaiſirs ſenſuels que Fla-
minius tire de ſang froid un homme de priſon, & lui fait trancher
la tête pour donner l'amuſant ſpectacle
d'une éxécution à une vile courtiſane,
qui avoit envie de voir comment
on coupoit la tête aux gens. Grand
Dieu, où ne conduit pas l'abandon de
la vertu! Fermons les yeux ſur des
horreurs qui ſouillent l'imagination, qui
rempliſſent l'eſprit de triſteſſe, & d'ef-
froi. Hâtons-nous d'effacer cette funeſte

impreffion par quelque fpectacle confo-
lant, propre à nous rappeller les fentimens bienfaifans que la Nature nous
infpire. Un Ecrivain moderne, dont
l'ouvrage vient de me tomber entre
les mains, m'apprend que Pope feul
a eu le foin de tranfmettre à la pofte-
rité le nom négligé d'un vertueux Citoyen de fa nation, ,, qui avec cinq
,, cents guinées de rente a défriché
,, des terres, pratiqué des chemins fa-
,, vorables au commerce, bâti un Tem-
,, ple, nourri les pauvres de fon can-
,, ton, entretenu une Maifon de cha-
,, rité, doté des filles, mis des orphé-
,, lins en apprentiffage, foulagé & guéri
,, des malades, appaifé les différents
,, de fes voifins. ``

O que cet homme foutenoit bien,
je ne dis pas la dignité de fon rang,
mais la dignité d'un homme, d'un citoyen! Vaut-il la peine d'avoir été riche, pour mourir ignoblement, fans
laiffer des traces de fon exiftence dans
le fouvenir de fes Citoyens, & de fes
amis, fans avoir confacré fon nom à

la poſtérité, ou mérité la reconnoiſ-
ſance des humains par des monumens
de bienfaiſance, qui ſervent d'exemple
& de léçons aux ſiécles à venir, &
rendent à jamais précieuſe, & reſpe-
&table la mémoire de celui qui les a
élevés.

Ce n'eſt qu'en rappellant les hommes à la vertu qu'on peut rendre la
ſociété heureuſe. On a beau être vêtu
ſuperbement, ſi le corps eſt malade,
on n'en ſouffre pas moins. L'appareil
du luxe en flattant les paſſions, entretient les maladies de l'ame, & ne les
guérit pas. On brille au dehors, on
eſt rongé de ſoucis au dedans. En un
mot le luxe promet le bonheur, &
ne le donne pas. La religion, la bienfaiſance, la probité, la bonne foi, les
bonnes mœurs, l'eſprit d'ordre, & de
ſubordination ; voilà les principes qui
uniſſent les hommes par les liens d'une
confiance réciproque, & qui les rendent vraiment utiles les uns aux autres. La communication, qui n'eſt fondée que ſur un pur échange d'intérêts,

reſſemble à la rencontre fortuite de
gens, qui ſe trouvent raſſemblés dans
une foire pour vendre ou pour ache-
ter, & qui ne ſongent qu'à leur profit, ſans ſe ſoucier les uns des autres.
Eſt-ce là l'idée, ou l'unique objet de
la ſociété.

F I N.

IMPRIMATUR.

Vicarius Gen. S. Officii Taurini.

V. Triverius AA. LL. P.

Vu. Soit imprimé.

Galli pour la Grande Chancellerie.

A   TURIN.

Chez François-Antoine Mairesse
Imprimeur à l'enſeigne de S. Thérefe.

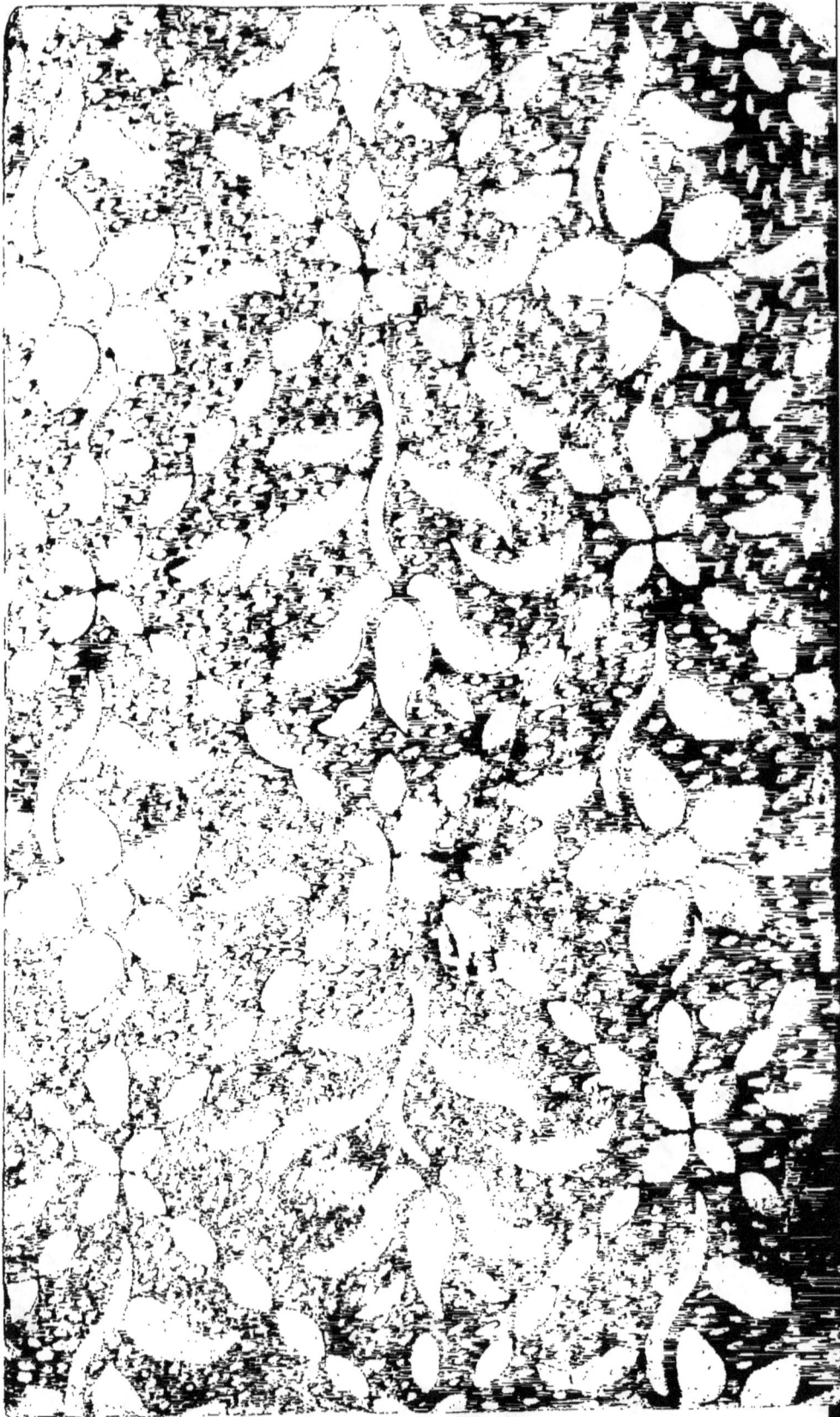

www.ingramcontent.com/pod-product-compliance
Lightning Source LLC
Chambersburg PA
CBHW052041270326
41931CB00012B/2581